De cabo a rabo

*The Most Comprehensive Guide
to Learning Spanish Ever Written*

Lectura

David Faulkner

**Flashforward
Publishing**

De cabo a rabo: Lectura

The Most Comprehensive Guide to Learning Spanish Ever Written

Published by Flashforward Publishing

Boulder, CO

ISBN: 978-1-953825-01-8 (softcover)
ISBN: 978-1-953825-04-9 (softcover)

FOREIGN LANGUAGE STUDY / Spanish

This is a work of fiction. Names, characters, businesses, places, events, locales, and incidents are either the products of the author's imagination or used in a fictitious manner. Any resemblance to actual persons, living or dead, or actual events is purely coincidental.

Flashforward
Publishing

Querid@ estudiante,

As with all my other titles in the *De cabo a rabo – Spanish* series, *Lectura* was born from the union of three things: my love for the Spanish language (an obsession, really), my love for teaching and seeing student progress, and my love for writing. As a Spanish teacher for more than two decades, I am fully aware that each student comes to the table with a uniquely complex mix of abilities, interests, and background, which is why I offer all my titles separately despite having designed them to go seamlessly together.

Whereas *Gramática*, *Vocabulario*, and *Actividades* were written contemporaneously, with my personal students in mind, *Lectura*, like the vocab audio, was an afterthought. And that thought was, "How could I further support independent learners that I'll never have the pleasure of teaching?"

Unlike the one-off narratives and dialogues I wrote for *Actividades*, with a limited focus on their respective unit, *Lectura* has a single story line that combines a third-person omniscient narrative with real-time character dialogue that grows with you (or pushes you to grow) chapter by chapter.

Each chapter of *Lectura* supports your learning with its numbered counterpart in the other books in the series (30 "Unidades" – 30 "Capítulos"). But, instead of having, for example, chapter 5's content be solely focused on unit 5's vocab and grammar, as is the case with *Actividades*, *Lectura*'s through line gives you practice with the grammar and vocab from all units up to that point. Think of each unit from *Gramática* and *Vocabulario* as a key that unlocks the new language skills you'll see starting in that chapter and going forward. This is to resemble everyday communication, where any topic of conversation and any verb tense is in play at any given time. The difference here is that you're learning little by little, building up to that point in Spanish.

As you prepare to dive into *Lectura*, I have a few final notes and suggestions for you. Every chapter has specific grammatical structures underlined. They're there to draw your attention to the main takeaway points from its respective unit in *Gramática*. In bold, you'll find idiomatic expressions that can be found in Unidad 30 in *Vocabulario*. You'll also find a few familiar words peppered throughout *Lectura* used in unfamiliar contexts and some that are not in *Vocabulario* at all. This is your opportunity to practice inferring meaning from context. Lastly, I recommend you read each chapter three times while you work simultaneously with the other books: once before you start the unit, once after you've studied the vocab and grammar for that unit, and one more time once you have completed all the exercises in *Actividades*. Finally, I hope you have as much fun reading *Lectura* as I had writing it!

Un abrazo,

David

Índice

Capítulo 1

Encantados

En la universidad, un viernes en la noche...

Pablo – ¡Buenas tardes, señorita!
Yolanda – ¡Hola! ¿Cómo estás?
Pablo – Bien, gracias. ¿Y tú?
Yolanda – Muy bien, gracias.
Pablo – Me llamo Pablo. ¿Cómo te llamas tú?
Yolanda – Yo me llamo Yolanda.
Pablo – Mucho gusto.
Yolanda – Igualmente.
Pablo – ¿De dónde eres?
Yolanda – Yo soy de Las Vegas, Nevada. ¿De dónde eres tú?
Pablo – Soy de Denver, Colorado.
Yolanda – ¿Cuántos años tienes?
Pablo – Tengo diecinueve años. ¿Y tú?
Yolanda – Yo también tengo diecinueve años.
Pablo – ¿En serio? ¿Cuándo es tu cumpleaños?
Yolanda – Mi cumpleaños es el 3 de abril. ¿Y cuándo es tu
          cumpleaños?
Pablo – Mi cumpleaños es el 7 de noviembre.
Yolanda – ¿De veras? ¡Hoy es el 6 de noviembre!
Pablo – Sí, mañana es mi cumpleaños.
Yolanda – ¿Qué día es mañana?
Pablo – Mañana es sábado. ¿Por qué?

Nuestra historia continuará...

Capítulo 2

¿Quiénes son Pablo y Yolanda?

¡Hola! Te presento a Yolanda y a Pablo. Ellos son divertidos, sociables y graciosos. También son amables y sinceros. Yolanda es deportista, trabajadora y muy atrevida, pero Pablo es artístico, paciente y un poco prudente.

A Pablo le gusta escribir música, tocar la guitarra, pintar y cocinar, pero no le gusta trabajar ni leer. A Yolanda tampoco le gusta trabajar mucho, pero sí le gusta estudiar y ver la tele, y le encanta cocinar. A Yolanda y a Pablo les gusta practicar deportes y escuchar música con amigos.

Nuestra historia continúa...

Pablo – Mañana es sábado. ¿Por qué?
Yolanda – ¿Qué te gusta hacer los sábados?
Pablo – Los sábados me gusta estudiar en la mañana y, en la noche, me gusta ir al cine o escuchar música con amigos. ¿Y a ti?
Yolanda – A mí también me gusta estudiar en la mañana los sábados y me encanta escuchar música con amigos.
Pablo – Muy bien. Pues a ti y a mí nos gusta escuchar música con amigos, ¿qué tal mañana en la noche?
Yolanda – ¡Sí, sí, me encanta! ¿Cuál es tu número de teléfono?
Pablo – Mi número de teléfono es el 303-555-7948.
Yolanda – Muchas gracias. Mi número es el 702-555-6191.
Pablo – ¡Hasta luego!
Yolanda – ¡Hasta mañana!

Nuestra historia continuará...

Capítulo 3

Sus horarios

Pablo y Yolanda son estudiantes de la Universidad de California en San Diego. Tienen mucha tarea en sus clases, pero son buenos estudiantes y estudian mucho. Les gusta estar con amigos en la noche los sábados y por eso ellos hacen su tarea en la mañana.

Pablo es muy artístico y por eso estudia música y arte. Las clases de música son fáciles para él y son sus clases favoritas, pero las clases de matemáticas y ciencias son muy difíciles para él y por eso no le gustan. Él tiene clases de lunes a viernes este semestre. Sus clases de los lunes, miércoles y viernes empiezan a las 8:00 de la mañana y terminan a mediodía. Sus clases de los martes y jueves empiezan a las 11:00 de la mañana, pero terminan a las 4:00 de la tarde. Le encanta ser estudiante, pero no le gusta nada ir a clase a las 8:00 de la mañana.

Yolanda es muy deportista y por eso estudia educación física y ciencias. Este semestre, ella tiene clases de lunes a jueves pero no los viernes. Las clases de Yolanda empiezan a las 9:00 de la mañana los lunes y los miércoles y terminan a la 1:30. Sus clases de los martes y jueves empiezan a las 10:00 de la mañana y no terminan hasta las 6:00 de la tarde.

Hoy es sábado, pero no es un sábado normal; es el cumpleaños de Pablo y él necesita terminar su tarea de ciencias. También necesita hablar con Yolanda por teléfono. Él tiene el número de ella en un papel en su mochila.

Nuestra historia continuará...

Capítulo 4

Pablo y Yolanda van al parque

Hoy es sábado, 7 de noviembre, y es el cumpleaños de Pablo. Él está ocupado con su tarea de ciencias, pero también está muy emocionado por su fiesta de cumpleaños esta noche porque muchos de sus amigos van a ir a su casa para comer, escuchar música y quizá bailar. Él también está muy nervioso porque va a invitar a Yolanda. Tiene su número de teléfono en un papel en su mochila. Es la 1:00 de la tarde y Pablo llama a Yolanda por teléfono.

Nuestra historia continúa...

Yolanda – ¿Hola?
Pablo – Buenas tardes, Yolanda, soy Pablo.
Yolanda – ¡Pablo, hola! ¿Cómo estás?
Pablo – Estoy emocionado por mi fiesta de cumpleaños, pero también estoy frustrado.
Yolanda – ¡A poco! ¿Por qué estás frustrado?
Pablo – Es que necesito terminar mi tarea de ciencias, pero hay algo que no puedo hacer porque no sé cómo.
Yolanda – ¿Sabes qué? Yo soy tutora de ciencias y te puedo ayudar, si quieres.
Pablo – ¿En serio me puedes enseñar las ciencias? ¡Genial!
Yolanda – ¡Claro que sí! ¿Dónde estás?
Pablo – Estoy en casa, pero voy a ir al Parque Balboa para estudiar.
Yolanda – ¡Genial! A mí me gusta mucho estudiar en el parque en el otoño. ¿Qué hora es?
Pablo – Es la 1:10.
Yolanda – ¿A qué hora vas a estar en el parque?
Pablo – Pienso que voy a estar en el parque a la 1:45.
Yolanda – Muy bien. Te voy a ver en el parque a la 1:45.
Pablo – Muchas gracias, Yolanda.
Yolanda – De nada, Pablo.

A la 1:45, Yolanda <u>ve</u> a Pablo en el parque. Él <u>tiene</u> su libro de ciencias, su computadora, su cuaderno de papel y sus lápices y plumas. <u>Está listo</u>.

Yolanda – Hola, Pablo. ¿<u>Estás listo</u> <u>para aprender</u>?
Pablo – Hola, Yolanda. Sí, <u>estoy listo</u>. ¿<u>Estás lista</u> <u>para enseñar</u>?
Yolanda – ¡Cómo no!

Ellos estudian por una hora y media. Yolanda le enseña mucho a Pablo y él termina toda su tarea.

Pablo – Muchas gracias por ayudar, Yolanda. Eres muy amable.
Yolanda – De nada, Pablo. Y, ¿<u>sabes</u> qué? Me <u>puedes llamar</u> "Yoli";
    es mi apodo. ¿<u>Tienes</u> tú un apodo o mote?
Pablo – Pues muchas gracias, Yoli. Mis amigos no artísticos me
    llaman "Picasso" porque mi nombre es Pablo y me encanta
    pintar.
Yolanda – ¡Qué bien! <u>Tienes</u> amigos muy graciosos y divertidos.
Pablo – Esta noche, en mi fiesta, <u>puedes pasar</u> tiempo con mis
    amigos y luego <u>vas a ver</u> si son muy divertidos o no. Ja, ja, ja.
Yolanda – Está bien.

<u>Después de ayudar</u> a Pablo con su tarea de ciencias, Yolanda <u>quiere</u> <u>saber</u> cuáles son los pasatiempos de Pablo.

Yolanda – Yo corro en este parque todos los días. ¿Corres tú
    aquí en el parque?
Pablo – Generalmente no corro en el parque excepto cuando
    <u>juego</u> a deportes con mis amigos. Cuando estoy solo,
    <u>prefiero nadar</u> en la piscina.
Yolanda – Yo no <u>sé nadar</u> muy bien, pero sí me gusta mucho jugar
    en la alberca en el invierno y en la playa en el verano.
    ¿Qué haces los fines de semana en el invierno?
Pablo – En el invierno, esquío y <u>voy</u> al gimnasio. También escribo
    música y toco la guitarra.
Yolanda – ¿Cantas?
Pablo – Sí, yo canto la música que escribo. ¿Cantas tú?

Yolanda – ¡Claro que no! No tengo voz <u>para cantar</u>.

Pablo – Mmmm, no <u>sé</u>... <u>Vamos a ver</u> esta noche.

Yolanda – ¡Ni hablar! Ja, ja, ja.

Pablo – ¿Qué haces tú en el invierno?

Yolanda – Yo también <u>voy</u> al gimnasio, pero no <u>sé esquiar</u>. Yo cocino mucho y me gusta preparar la cena para mis amigos.

Pablo – ¡No me digas! ¿<u>Quieres preparar</u> la cena <u>conmigo</u> para mi fiesta esta noche?

Yolanda – ¡Por supuesto! <u>Podemos cocinar</u> juntos. ¿<u>Sabes</u> qué? Me encanta pasar tiempo <u>contigo</u>.

Pablo – A mí también me encanta.

Yolanda – Pues ¿<u>vamos</u> a tu casa <u>para preparar</u> la cena? <u>Quiero saber</u> dónde vives.

Pablo – La fiesta es a las 8:00, pero no <u>tenemos</u> todo lo que necesitamos.

Yolanda – Está bien. Pues ¿qué necesitamos?

Nuestra historia continuará...

Capítulo 5

Comidas y bebidas

Son las 3:00 de la tarde y Pablo está en el parque con Yolanda después de hacer su tarea. Van a ir juntos a la casa de Pablo para preparar la cena para su fiesta de cumpleaños, pero primero, necesitan algunas comidas.

Nuestra historia continúa...

Pablo – Pues la fiesta es a las 8:00, pero no tenemos todo lo que necesitamos.

Yolanda – Está bien. Pues ¿qué necesitamos?

Pablo – Vamos a preparar un guisado de carne y vegetales con un pan de maíz. El guisado es mi cena favorita porque es fácil de preparar, sabroso y también es bueno para la salud. Tengo toda la comida que necesito para el guisado y el pan de maíz, pero necesito algunos refrigerios y aperitivos y probablemente un postre o posiblemente dos.

Yolanda – Mmmmmm qué delicioso. Estoy muy emocionada, y ahora tengo mucha hambre.

Pablo – Yo también tengo hambre y un poco de sed. ¿Qué bebidas quieres para la fiesta?

Yolanda – Yo prefiero el té helado o la limonada, o té helado con limonada, pero creo que los refrescos son buenos para una fiesta de cumpleaños. ¿Crees que un jugo de naranja o de manzana puede ser bueno para la fiesta también?

Pablo – Creo que sí. Es bueno tener muchas bebidas durante toda la fiesta y va a terminar muy tarde, cómo a medianoche.

Yolanda – Pues vamos al supermercado por las bebidas, pero ¿qué piensas tener de postre? Claro que necesitas un pastel de cumpleaños, pero ¿cuál es tu pastel favorito?

Pablo – Bueno, prefiero el pastel de chocolate con helado, pero quiero algo más.

Yolanda – ¿Qué piensas de un pan de calabaza o de calabacín?

Pablo – ¿Pan de calabacín? ¡Guácala!

Yolanda – ¿No te gusta el pan de calabacín?

Pablo – Bueno, es que nunca como ningún pan de vegetales, pero creo que es asqueroso.

Yolanda – ¿Cómo que nunca comes ningún pan de vegetales? Comes pan de maíz, ¿verdad?

Pablo – Ah, pues sí, pero...

Yolanda – No, no hay ningún "pero". Ja, ja, ja. Vas a ver que es muy sabroso porque ahora voy a preparar un pan de calabacín muy delicioso para ti y para todos tus amigos. Creo que te va a gustar mucho.

Pablo – Está bien. Vamos a ver.

Yolanda – Bien, bien. Y te gusta el helado con tu pastel, ¿no?

Pablo – ¡Claro que sí!

Yolanda – ¿Te gusta el helado de pistacho?

Pablo – ¿Cómo? ¿Helado de pistacho? Prefiero el helado de fresa, pero ahora creo que vas a querer un helado de pistacho para la fiesta también, ¿verdad? Ja, ja, ja.

Yolanda – Tú sabes.

Pablo – Bien, vamos a caminar al supermercado.

Yolanda – Yo tengo mi carro.

Pablo – Muy bien. Vamos en tu carro pues.

Pablo y Yolanda van al supermercado por las comidas y bebidas y después, van a la casa de Pablo para empezar a preparar la cena. Los dos quieren preparar juntos el guisado de carne y verduras. Después, Pablo va a preparar el pan de maíz y Yolanda va a preparar el pan de calabacín. Después de terminar los panes, Yolanda necesita enseñar a Pablo a hacer el pastel de chocolate.

Pablo – Yoli, ¿quieres preparar el guisado conmigo?

Yolanda – Cómo no. Si tú quieres preparar la carne, yo puedo preparar los vegetales. ¿Está bien?

Pablo – Sí, gracias por ayudar.

Yolanda – Por nada. ¿Qué vegetales tenemos para el guisado?

Pablo – Hay <u>muchos</u> vegetales que podemos usar. Tenemos papa, zanahoria, apio, cebolla, ajo, berenjena y chile. ¿Te gustan todos?

Yolanda – Más o menos. Me gustan todos menos la berenjena, pero está bien si a <u>todos</u> tus amigos les gusta.

Pablo – No, no hay <u>ningún</u> problema. Es que a mi amigo Jaime tampoco le gusta la berenjena.

Yolanda – ¿Y Jaime va a estar aquí <u>esta</u> noche?

Pablo – Sí, pero necesitamos terminar la cena, y luego podemos platicar de mis amigos.

Yolanda – Muy bien, pero tengo <u>muchas</u> preguntas.

Pablo – ¡Uy! ¿Necesito estar <u>preocupado</u>?

Yolanda – No sé, vamos a ver. Ja, ja, ja.

Pablo cree que Yolanda es muy <u>divertida</u> y <u>graciosa</u> y ella le gusta mucho a él. Yolanda cree que Pablo es muy <u>amable</u> y <u>sincero</u> y él le gusta mucho a ella también. Los dos preparan <u>todas</u> las comidas para la cena <u>de cumpleaños</u> y hablan más de sus comidas <u>favoritas</u>.

Yolanda – ¿Es <u>buena</u> para la salud <u>toda</u> la comida que comes?

Pablo – Claro que no. Prefiero comer comida <u>buena</u> cuando estoy en casa, pero cuando estoy en la universidad, como <u>mucha</u> chatarra.

Yolanda – ¿Qué desayunas, normalmente?

Pablo – Bueno, mi <u>primera</u> clase los lunes, miércoles y viernes empieza muy temprano, a las 8:00 <u>de la mañana</u>. Por eso, no tengo <u>mucho</u> tiempo en la mañana para desayunar. Normalmente, los lunes, miércoles y viernes, desayuno cereal con fresas o nectarinas o yogur con nueces.

Yolanda – Yo no como cereal porque no bebo leche.

Pablo – Yo tampoco bebo leche. Prefiero usar leche <u>de almendra</u> en mi cereal y en mi café.

Yolanda – ¿Bebes café <u>todos</u> los días?

Pablo – Sí, <u>todas</u> las mañanas, pero normalmente en la universidad.

Yolanda – Yo también tomo café <u>todos</u> los días, pero a mí me gusta sin leche. ¿Y los martes y jueves, cuando no necesitas estar en clase muy temprano?

Pablo – Los martes y jueves, mi <u>primera</u> clase empieza a las 11:00 y por eso tengo más tiempo para preparar un desayuno <u>bueno</u>. Desayuno huevos y una verdura como espárragos o espinacas, normalmente con pan <u>tostado</u> y jugo <u>de naranja</u> para tomar.

Yolanda – Creo que desayunas muy bien. ¿Qué chatarra almuerzas en la universidad?

Pablo – No quieres saber. Ja, ja, ja.

Yolanda – Claro que quiero saber.

Pablo – Normalmente como una hamburguesa con queso, mostaza, mayonesa, pepinillo y cebolla. Y siempre como papas <u>fritas</u> con mis hamburguesas. Si no almuerzo una hamburguesa, almuerzo *pizza* <u>de queso</u> con piña y jamón. Y siempre bebo un refresco con mi almuerzo.

Yolanda – ¡Uff! Es verdad, no quiero saber. Ja, ja, ja.

Pablo – ¿Ya ves? ¿Y tú, qué almuerzas en la universidad?

Yolanda – Yo, normalmente, almuerzo una ensalada con pollo, pero a veces almuerzo un sándwich <u>de atún</u> con mayonesa, apio, manzana y lechuga.

Pablo – ¿Prefieres comer las ensaladas <u>de lechuga</u> o <u>de espinacas</u>?

Yolanda – <u>Buena</u> pregunta. Yo prefiero las ensaladas <u>de repollo</u> y <u>de col rizada</u>, pero también me gustan las ensaladas <u>de lechuga</u> y <u>de espinacas</u>. Y me gustan mis ensaladas con <u>muchos</u> vegetales.

Pablo – Ah, ¿sí? ¿Como qué vegetales te gustan en tus ensaladas?

Yolanda – Bueno, mi ensalada <u>favorita</u> tiene pepino, zanahoria, pimiento, brócoli, repollitos <u>de Bruselas</u>, manzanas, fresas y queso. Oh, y pollo.

Pablo – ¡Eso sí que es una ensalada!

Yolanda – ¡Uy! ¿Qué hora es?

Pablo – Son las 7:20. Tenemos cuarenta minutos antes de la fiesta.

Yolanda – Muy bien. Ahora que la cena y los postres están <u>listos</u>, quiero saber cómo son tus amigos.

Nuestra historia continuará...

Capítulo 6

Los amigos de Pablo

Son las 7:20 de la noche del sábado, 7 de noviembre, y Pablo y Yolanda están en la casa de él. Yolanda quiere saber cómo son los amigos de Pablo y tiene muchas preguntas. Él no es nada callado y sabe que pronto va a querer saber cómo son los amigos de ella.

Nuestra historia continúa...

Yolanda – ¡Uy! ¿Qué hora es?

Pablo – Son las 7:20. Tenemos cuarenta minutos antes de la fiesta.

Yolanda – Muy bien. Ahora que la cena y los postres están listos, quiero saber cómo son tus amigos.

Pablo – Bueno, todos mis amigos son simpáticos, especialmente Jaime y Patricia. Ellos viven aquí conmigo y rentamos esta casa juntos.

Yolanda – Oh, ¿vives con una chica? ¿Es una amiga o...?

Pablo – Patricia es solamente una amiga.

Yolanda – *Okay*. Ja, ja, ja. ¿Y cómo es?

Pablo – Ella es muy inteligente y simpática. Es delgada y baja, tiene el pelo castaño y liso y es muy corto. También tiene los ojos marrones. ¿Qué más?

Yolanda – ¿Cuántos años tiene? ¿Es mayor que nosotros?

Pablo – Sí, ella es un poco mayor que nosotros; tiene veinte años, pero su cumpleaños es en enero... el seis, creo, o quizá el siete. No sé exactamente. Ella tiene un gato pequeño que tiene el pelo negro y marrón. Es muy cariñoso y normalmente le gusta estar con la gente, pero no sé dónde está ahora.

Yolanda – ¿Y Jaime, cómo es?

Pablo – Jaime es muy grande.

Yolanda – ¿Grande como alto o grande como gordo?

Pablo – No es ni gordo ni delgado, pero es muy alto. Vas a saber quién es inmediatamente.

Yolanda – ¿Y cuántos años tiene él?

Pablo – Jaime es menor que nosotros. Solo tiene dieciocho años, pero su cumpleaños es en unas semanas, como la primera semana de diciembre.

Yolanda – ¿Tiene Jaime alguna mascota?

Pablo – Afortunadamente, no. No tiene ninguna mascota.

Yolanda – ¿Quiénes más van a estar en la fiesta esta noche?

Pablo – Mi amigo Nicolás va a estar.

Yolanda – ¿Cómo es él?

Pablo – Es guapo y alto.

Yolanda – ¿Es más alto que Jaime?

Pablo – No, nadie es más alto que Jaime. Pero los dos son más altos que yo. Nicolás es de Perú, pero sus padres son de Estados Unidos y sus abuelos son de España, y por eso él habla inglés y español perfectamente. Él es pelirrojo y su pelo es muy rizado. También tiene los ojos verdes y son muy bonitos.

Yolanda – ¿Tiene Nicolás alguna mascota?

Pablo – No sé. Posiblemente tiene un perro.

Yolanda – ¿Cómo es que no sabes si tu amigo tiene alguna mascota?

Pablo – Es que vive con sus padres y hermanas menores en una casa muy grande con sus abuelos, su tía y sus primos. Sé que alguien allí tiene un perro, pero, honestamente, no sé si es el perro de los padres de Nicolás, si es de sus abuelos, o de quién. La verdad es que su casa siempre está muy ocupada y por eso nunca voy allí. Él y yo siempre pasamos nuestro tiempo juntos aquí en mi casa, en el parque o en el gimnasio.

Yolanda – Ahora comprendo por qué no sabes si tu amigo tiene un perro o no. Ja, ja, ja.

Pablo – Ja, ja, ja.

Yolanda – ¿Y tú?

Pablo – Y yo, ¿qué?

Yolanda – ¿Cómo eres tú, Pablo?

Pablo – ¿Cómo piensas que soy?

Yolanda – Mmmm, <u>sinceramente</u>, pienso que eres inteligent<u>e</u> y muy simpátic<u>o</u>.

Pablo – ¿Soy inteligent<u>e</u>? Y es por eso que necesito tu ayuda para hacer mi tarea de ciencias, ¿verdad? Ja, ja, ja.

Yolanda – Y, <u>posiblemente</u>, <u>posiblemente</u>, un poco guap<u>o</u>.

Pablo – ¿Guap<u>o</u>? Un momento. ¿Piensas que soy guap<u>o</u>?

Yolanda – ¡Uy! Son las 8:00 y pienso que tu<u>s</u> amigos están aquí.

Nicolás – ¡Feliz cumpleaños, Picasso!

Nuestra historia continuará...

Capítulo 7

¡Feliz cumpleaños!

Hoy es el cumpleaños de Pablo y todos sus amigos vienen a su casa para celebrarlo. Yolanda está con Pablo y, después de preparar toda la comida, hablan de los amigos de Pablo. Yolanda tiene mil preguntas antes de la fiesta y quiere saber todo antes de conocerlos. Pero hay algo más; Yolanda piensa que Pablo es inteligente y muy simpático, y le dice, nerviosamente, que piensa que él es un poco...

Pablo – ¿Guapo? Un momento. ¿Piensas que soy guapo?

Yolanda – ¡Uy! Son las 8:00 y pienso que tus amigos están aquí.

Nicolás – ¡Feliz cumpleaños, Picasso!

Pablo – ¡Muchas gracias, muchacho! Te presento a Yolanda, mi nueva amiga.

Nicolás – Mucho gusto en conocerte, Yolanda.

Yolanda – El gusto es mío. Pablo me dice que tienes una familia muy grande pero que no sabe si tienes un perro o no. Ja, ja, ja.

Nicolás – Ah, ¿sí? ¿Y qué más te dice Pablo?

Yolanda – Pues él dice que piensa que tú tienes los ojos bonitos... y que eres más guapo que él.

Pablo – ¡Más ALTO que yo!

Nicolás – Sí, Pablo es muy honesto. Él sabe quién es más guapo... ¿verdad, Picasso? Ja, ja, ja.

Pablo – Solamente porque llevas mejor ropa que yo.

Nicolás – Bueno, tú siempre llevas pantalones cortos, una camiseta y zapatos de tenis con calcetines largos y blancos. No es difícil llevar mejor ropa que tú. Ja, ja, ja.

Pablo – Eso no es verdad; a veces llevo *jeans* azules y una sudadera, especialmente en invierno. Es que no me gusta pagar mucho dinero por ropa cara.

Nicolás – Yo no compro ropa muy cara.

Pablo – Ah, ¿no? ¿Cuánto cuesta esa corbata que llevas? ¿Y esos zapatos?

Nicolás – A ver, esta corbata cuesta como treinta dólares y estos
　　　　zapatos cuestan como ciento ochenta dólares.

Pablo – ¡Ciento ochenta dólares! ¡Vaya, qué ganga! Ja, ja, ja.

Nicolás – Oh, ¿y esos zapatos que llevas tú son gratuitos?

Yolanda – Pues a mí me gusta la ropa que lleva Pablo.

Nicolás – Vale, vale. Otro tema. ¿Alguien sabe dónde está el
　　　　gato de Patri? Normalmente lo veo por todas partes
　　　　cuando estoy aquí.

Pablo – No sé. No lo encuentro por ninguna parte.

Yolanda – Quizá Patricia lo tiene.

Nicolás – Aquí está Patri ahora.

Patricia – Hola, chicos. ¡Feliz cumpleaños, Pablo!

Pablo – Gracias, chica. Esta es mi nueva amiga, Yolanda.

Patricia – Encantada, Yolanda.

Yolanda – Igualmente, Patricia.

Pablo – Patri, ¿está tu gato contigo? No lo encontramos.

Patricia – No, no está conmigo. Creo que está aquí por alguna parte.
　　　　Lo puedo buscar si Uds. están preocupados.

Pablo – Bueno, si tú no estás preocupada, pues nosotros tampoco.

Yolanda – ¿Quieren Uds. beber algo?

Nicolás – Sí, gracias. ¿Qué tienen?

Yolanda – A ver..., tenemos unos refrescos, té helado, limonada,
　　　　jugo de manzana y agua.

Nicolás – Prefiero una mitad de té helado y una mitad de limonada.

Yolanda – ¡Anda, yo también! Es mi bebida favorita.

Nicolás – ¡Genial! Yo la bebo todos los días.

Patricia – A mí me gusta más el té caliente. No me gustan las
　　　　bebidas frías en invierno; solo las tomo en verano.

Pablo – ¿Qué tal el chocolate caliente, Patri?

Patricia – Oh, sí, me encanta el chocolate caliente.

Yolanda – Pablo, ¿dónde están tus otros amigos?

Pablo – Algunos van a venir tarde porque trabajan en la noche los
　　　　sábados, pero creo que Jaime va a venir muy pronto.

Yolanda – Ah, sí, el hombre que es más alto que todos. Ja, ja, ja.

Pablo – Piensas que eres tan graciosa, pero vas a ver.

Nuestra historia continuará...

Capítulo 8

¿Qué están haciendo?

Pablo, Yolanda, Patricia y Nicolás son los primeros en la fiesta y están hablando de la ropa, de las bebidas y de dónde puede estar el gato de Patricia. Es que, de vez en cuando, su gato sale de la casa, pero siempre regresa, y por eso nadie está muy preocupado. Pronto, Jaime va a regresar a casa y luego todos van a empezar a cenar porque los otros amigos van a venir más tarde.

Nuestra historia continúa...

Pablo – Algunos van a venir tarde porque trabajan en la noche los sábados, pero creo que Jaime va a venir muy pronto.

Yolanda – Ah, sí, el hombre que es más alto que todos. Ja, ja, ja.

Pablo – Piensas que eres tan graciosa, pero vas a ver.

Patricia – Hace muy buen tiempo hoy, ¿no?

Pablo – Sí, y veo que llevas tu vestido amarillo de verano.

Patricia – Sí, es mi vestido de verano favorito y lo llevo hoy porque hace veinticuatro grados Celsius.

Yolanda – Normalmente hace fresco en noviembre, pero se dice que va a hacer calor mañana también.

Patricia – Sí, y por eso voy a tomar el sol en la playa con una amiga. Yolanda, ¿por qué no vienes con nosotras?

Yolanda – No sé. Si voy con Uds., voy a necesitar comprar un traje de baño nuevo. El traje de baño que tengo es muy viejo y no es nada bonito.

Patricia – Pues yo tengo un traje de baño blanco y azul. Es muy bonito, pero nunca lo llevo porque tengo uno nuevo. Veo que tú eres tan baja y delgada como yo y creo que te puede quedar muy bien. Lo puedes llevar mañana, si quieres. ¿Qué te parece?

Yolanda – Pues si me queda bien, me parece bien. ¿Qué más traigo? Creo que tengo una toalla en mi carro.

Patricia – Pues yo tengo un parasol muy grande y bronceador para todas, y los vamos a necesitar porque va a hacer mucho sol, sin ninguna nube. Si traes tus gafas de sol o una gorra y un poco de agua, vas a estar lista.

Pablo – A ver, pienso que alguien más está aquí.

Jaime, el otro amigo que vive con Pablo, entra en la casa y ve que todos están hablando y tomando sus bebidas, listos para la fiesta.

Jaime – Hola, chicos. ¡Feliz cumpleaños, Pablo!

Pablo – Muchas gracias, amigo. Te presento a mi amiga, Yolanda. Yolanda, este es...

Yolanda – Jaime, ¿verdad?

Jaime – ¿Cómo lo sabes?

Yolanda – La intuición femenina. ¿Lo crees?

Jaime – ¡Que no! Creo que es porque Pablo siempre les dice a todos que soy tan alto como una montaña.

Yolanda – Pero, no es todo lo que dice de ti.

Jaime – Ah, ¿no? ¿Qué más dice de mí?

Yolanda – Pues dice que a ti no te gusta la berenjena, que tienes dieciocho años y que tu cumpleaños es en unas semanas. Tal vez vamos a tener otra fiesta de cumpleaños muy pronto, ¿no?

Jaime – Sí, es verdad. No me gusta nada la berenjena. Ja, ja, ja, y mi cumpleaños es el 5 de diciembre, en exactamente cuatro semanas.

Yolanda – Ah, perfecto, otro sábado.

Jaime – Tengo mucha sed. ¿Qué están bebiendo todos Uds.?

Nicolás – Hay té frío, limonada, agua... No sé, ¿qué más tenemos para tomar, chicos?

Pablo – Hay jugo de manzana también.

Jaime – ¿Es una fiesta de cumpleaños y no hay refrescos?

Pablo – Oh, sí, perdón. Hay muchos refrescos. ¿Quieres uno?

Jaime – Sí, por favor.

Patricia – Hola, Jaime. ¿Qué tal?

Jaime – Todo bien, gracias. ¿Y tú, Patri? ¿Qué tal todo?

Patricia – Bien, también, gracias.

Jaime – ¿Son nuevos esos zapatos blancos que llevas hoy?

Patricia – Sí, estos son nuevos, y también necesito zapatos negros nuevos para mi nuevo trabajo en el café de la universidad.

Jaime – ¿Vas a trabajar allí? ¡Genial! A ver si puedes beber café gratis.

Patricia – Sí, vamos a ver, que mi primer día es este lunes que viene.

Jaime – Hablando de ropa nueva, ¿qué te parece mi chaqueta?

Patricia – ¡Me parece genial!

Jaime – ¡Mil gracias! Está haciendo más fresco en las noches ahora y la voy a necesitar el próximo semestre porque voy a tomar una clase por la noche los martes y jueves.

Patricia – Uy, no quiero hablar del próximo semestre. Prefiero hablar de ir de vacaciones y no pensar en la escuela.

Yolanda – ¿Alguien está hablando de ir de vacaciones?

Pablo – Yo quiero hablar de cenar. ¡Tengo muuucha hambre!

Yolanda – Antes de cenar, yo quiero explorar la casa porque tengo que usar el baño.

Nuestra historia continuará...

Capítulo 9

La casa de Pablo, Patricia y Jaime

Pablo está en casa celebrando su cumpleaños con Yolanda, Patricia, Nicolás y Jaime, y todos están en la sala, tomando sus bebidas y platicando de la escuela, la ropa, el trabajo, las vacaciones y de muchas otras cosas. Pablo tiene mucha hambre y quiere cenar, pero primero, Yolanda tiene que usar el baño. Ella no sabe dónde está y por eso tiene que explorar la casa un poco para encontrar<u>lo</u>.

Nuestra historia continúa...

Pablo – Yo quiero hablar de cenar. ¡Tengo muuucha hambre!
Yolanda – Antes de cenar, yo quiero explorar la casa porque tengo que usar el baño.
Pablo – Ay, <u>lo</u> siento. Puedo enseñarte dónde está.
Yolanda – Gracias, pero eso no es necesario. <u>Lo</u> puedo encontrar. Es que quiero explorar un poco.
Pablo – Está bien. Hay un baño por este pasillo, al lado de la oficina, pero también hay uno en el segundo piso y otro en el sótano. Pero si bajas por las escaleras al sótano, no debes usar el pasamanos porque es muy viejo y tenemos que arreglar<u>lo</u>.
Yolanda – Muy bien, gracias.

Mientras Yolanda explora la casa en busca de un baño, Nicolás y Jaime sacan los platos limpios del lavaplatos y luego ponen la mesa del comedor. Patricia y Pablo llevan a la mesa el guisado de carne y vegetales y el pan de maíz. Todos están listos para cenar cuando Yolanda regresa.

Yolanda – Chicos, tienen una casa muy grande y limpia. No es normal para estudiantes de la universidad.
Pablo – Bueno, es grande porque sí, pero está limpia gracias a Patri y Jaime. Ellos <u>la</u> limpian **de cabo a rabo**.

Patricia – Eso no es verdad. Pablo, tú siempre preparas la cena para todos y luego quitas la mesa, limpias toda la cocina y lavas los platos.

Pablo – No los lavo; simplemente los pongo en el lavaplatos. Patri, tú pasas la aspiradora en todos los cuartos que tienen alfombra y limpias los tres baños cada sábado, y no solamente los lavamanos. También limpias los retretes, las duchas y bañeras. Aun limpias los espejos de vez en cuando.

Patricia – Bueno, sí, pero Jaime hace más quehaceres que yo. Él barre el piso en la cocina y los pisos en los baños, saca todas las basuras y desempolva los tapetes y todos los muebles. Oh, y también corta el césped.

Jaime – Creo que Pablo lo corta más a menudo que yo.

Yolanda – ¡Vaya, Uds. están muy ocupados! Parece que la casa está limpia gracias a los tres. En mi apartamento, hay una lista en la puerta del refri con los quehaceres que mis amigas y yo tenemos que hacer y siempre hay problemas.

Jaime – ¿Cómo que hay problemas?

Yolanda – Es que mis amigas son muy perezosas y nunca quieren hacer las cosas que deben hacer. Ellas siempre tienen excusas. Dicen que tienen que trabajar... o que tienen mucha tarea... o que están muy cansadas...

Patricia – ¡Qué pena!

Nicolás – ¡Sí, qué lástima! En mi casa, mis hermanas y primos tienen que limpiar todo porque son menores. Como yo soy el más mayor y estoy en la universidad, no tengo que hacer casi nada. Solamente hago mi cama cada mañana y lavo mi ropa cada domingo.

Pablo – Bueno, hablando de las cosas que tenemos que hacer... ¡TENGO QUE COMER!

Patricia – ¡A comer, chicos!

Nicolás – Provecho, ¿eh?

Todos – ¡Buen provecho!

Mientras todos cenan, Patricia, Nicolás y Jaime tienen muchas preguntas para Yolanda y ella tiene muchas preguntas para ellos. Todos están muy contentos. Después de cenar, Pablo empieza a limpiar, como siempre, pero todos sus amigos ayudan. Pablo y Patricia quitan la mesa y ponen los platos en el fregadero. Jaime limpia la mesa del comedor y la estufa de la cocina. Nicolás barre el piso de la cocina con la escoba y luego saca la basura. Yolanda lava algunos platos en el fregadero y pone otros en el lavaplatos. Después de limpiar y arreglar todo, bajan por las escaleras a la sala de estar en el sótano para escuchar música.

Pablo – Gracias a todos por ayudarme a limpiar.
Nicolás – Por nada. Gracias por toda la comida, Picasso.
Pablo – De nada, amigo, y gracias a Yolanda por ayudarme con la comida. Ella tiene un postre especial para todos, pero es para más tarde.
Patricia – ¿Quién quiere bajar al sótano para escuchar música?
Yolanda – ¡Qué buena idea! Vamos, ¿eh?

Todos bajan a la sala de estar en el sótano para escuchar música y posiblemente bailar porque hay mucho espacio y hay un estéreo con buenas bocinas nuevas. También en la sala de estar, hay un televisor grande y muchos muebles muy cómodos como un sofá grande de cuero negro, un sofá pequeño de cuero marrón, un sillón blanco de cuero y dos sillas de madera. A Yolanda le gusta mucho la casa y piensa que es mucho mejor que el apartamento donde ella vive. Y piensa que Pablo y todos sus amigos son mucho más amables que las muchachas que viven con ella.

Yolanda – Patricia, su casa es muy grande. Tiene como cuatro recámaras. ¿No cuesta mucho rentarla?
Patricia – No, no cuesta mucho, la verdad.
Yolanda – ¿En serio?
Patricia – Sí, es que es la casa de mis abuelos y la alquilamos. Y, en realidad, tiene cinco dormitorios si cuentas la oficina en el primer piso.
Yolanda – ¡No me digas! Qué bien.

Patricia – Sí, hay tres dormitorios en el segundo piso, la oficina en el primer piso, y otro dormitorio aquí abajo en el sótano.

Yolanda – Y tres baños.

Patricia – Tres y medio.

Yolanda – ¿Tres y medio?

Patricia – Hay tres para todos, bueno dos y medio. La verdad, no sé las matemáticas de todo eso, pero tengo un baño privado en mi dormitorio.

Yolanda – A ver. Así que hay uno completo aquí en el sótano...

Patricia – Sí, con ducha y tina, y todo.

Yolanda – Hay medio baño en el primer piso al lado de la oficina...

Patricia – Sí, ese solo tiene lavabo e inodoro.

Yolanda – Hay uno completo en el segundo piso...

Patricia – Bueno, tres cuartos de baño.

Yolanda – ¿Cómo que "tres cuartos" de baño?

Patricia – Es que no tiene tina, solo hay una ducha, un inodoro y un lavabo.

Yolanda – ¿En serio? ¿Así se dice?

Patricia – Sí, así se dice. Y luego, tengo mi baño en mi dormitorio.

Yolanda – ¿Completo?

Patricia – Sí, completo, y con lavabo doble.

Yolanda – Me gustan todos los diferentes colores de pared por toda la casa.

Patricia – Sí, es idea de mi abuela. Todos nuestros dormitorios tienen diferentes colores de pared. En mi dormitorio, las paredes son verdes. Las paredes del dormitorio de Jaime son moradas. En el dormitorio de Pablo, son azules.

Yolanda – Y las paredes de la oficina son amarillas.

Patricia – Así es.

Yolanda – ¿De qué color son las paredes de la recámara aquí abajo en el sótano?

Patricia – ¿Quieres ver_las_?

Yolanda – Claro que sí.

Patricia – A ver, chicos, voy a enseñarle a Yolanda el dormitorio. ¿Por qué no ponen música?

Pablo – Bien, vamos a poner_la_ ahorita.

Mientras los chicos ponen música en el estéreo, Patricia y Yolanda van a la habitación del sótano para ver las paredes.

Yolanda – ¡Ay, por dios! Son anaranjadas.

Patricia – ¡**Ver para creer**!

Yolanda – <u>Lo</u> veo, pero no <u>lo</u> creo. Ja, ja, ja.

Patricia – Naranja es el color favorito de mi abuela.

Yolanda – Tiene que ser<u>lo</u> porque ¿quién más pinta las paredes de este color anaranjado?

Patricia – Nadie; solo mi abuela.

Yolanda – Con la excepción de las paredes, esta recámara es muy bonita.

Patricia – Todos los muebles son de mis abuelos.

Yolanda – Me encantan. Todos me parecen muy antiguos.

Patricia – Sí, son muy antiguos. La cómoda, el escritorio con silla y la cama son de madera real.

Yolanda – Pues son muy bonitos todos, pero este escritorio es muy pequeño con cajones muy pequeños también. No sé si es muy útil.

Patricia – Y esa lámpara es de los años setenta.

Yolanda – Y me parece que las cortinas en la ventana son de los años setenta también.

Patricia – Sí, también. Vamos a ver qué están haciendo los chicos.

Nuestra historia continuará...

Capítulo 10

¿Cómo se sienten?

Todos están en el sótano escuchando música. Yolanda y Patricia están en la habitación mirando sus paredes anaranjadas y los muebles antiguos de los abuelos de Patricia mientras Pablo, Nicolás y Jaime están muy cómodos en los sofás de la sala de estar, hablando de música. Todos <u>se sienten</u> muy contentos después de tanto cenar, especialmente porque no tienen ningún quehacer. Todavía hay postres: un pastel de chocolate y un pan de calabacín, pero sus amigos Isabel y Francisco todavía no están. Tienen que trabajar hasta las 9:30 de la noche los sábados, pero no trabajan lejos de la casa, así que seguro que llegan pronto, ya que son las 9:45.

Nuestra historia continúa...

Yolanda – Y me parece que las cortinas en la ventana son de los años setenta también.
Patricia – Sí, también. Vamos a ver qué están haciendo los chicos.
Pablo – Yoli, ¿qué te parecen esas paredes anaranjadas? ¿Ya te due<u>len los ojos</u>? Ja, ja, ja.
Yolanda – No, pero sí me duel<u>e la cabeza</u> un poco.
Patricia – Ay, lo siento. ¿Quieres tomar unas pastillas <u>para sentirte</u> mejor? Tenemos ibuprofeno y aspirina.
Yolanda – Gracias, pero no me duel<u>e</u> mucho.
Patricia – Pues me dices si <u>te empeoras</u>, ¿vale?
Yolanda – Vale, gracias.
Jaime – Voy a subir por otra bebida. ¿Alguien quiere algo?
Pablo – ¿Por qué no traes bebidas para todos?
Jaime – Vale: té caliente para Patri, limonada con té frío para Nicolás y Yoli, refresco para mí, ¿y para ti, Pablo?
Pablo – Un refresco para mí, porfa.
Jaime – Cómo no.

Yolanda – Me encantan los cuadros que Uds. tienen en las paredes. Son muy bonitos. ¿Quién es el artista?

Nicolás – Son de Pablo Picasso.

Yolanda – No puede ser. El arte de Picasso cuesta muuucho dinero.

Patricia – Yoli, Nicolás te está **tomando el pelo**. Nuestro Pablo los pinta.

Yolanda – ¡No me digas! ¿Tú, Pablo? Ahora entiendo por qué Nicolás te llama "Picasso". Eres realmente talentoso.

Pablo – Pues mil gracias, Yoli.

Jaime sube por las escaleras y va a la cocina por las bebidas. Cuando tiene todas las bebidas en las manos, oye que alguien está tocando a la puerta delantera. La música está alta, pero Jaime tiene buen oído. Así que pone las bebidas en la mesa del comedor y abre la puerta.

Jaime – Hola, chicos. ¡Bienvenidos!

Isabel – Hola, Jaime.

Francisco – Hola, amigo.

Jaime – ¿Qué tal están?

Francisco – Todo bien, todo bien. ¿Y tú qué tal?

Jaime – Estoy muy bien también.

Isabel – ¿Dónde están los otros?

Jaime – Todos están en el sótano escuchando música y platicando del arte de Pablo mientras yo voy por las bebidas.

Francisco – ¿Hay bebidas en el refri?

Jaime – Sí, hay de todo. Yo voy a bajar, pero nos vemos allí abajo.

Jamie lleva al sótano las bebidas de todos mientras Francisco e Isabel buscan unas bebidas. Francisco entra en la cocina y abre la puerta del refrigerador.

Isabel – ¿Qué hay de beber, Paco?

Francisco – A ver..., tienen limonada, té helado, unos refrescos y jugo de manzana. ¿Qué prefieres?

Isabel – ¿Qué tal jugo de manzana?

Francisco – Vale, y para mí... un té helado.

Jaime les lleva las bebidas a todos. Yolanda no puede creer lo grandes que son las manos de Jaime como para poder llevar cinco bebidas al mismo tiempo. Siendo muy graciosos y divertidos, empiezan a jugar los unos con los otros.

Jaime – Para Patri, un té caliente.
Patricia – Mil gracias, rey.
Jaime – De nada, reina. Para Pablo, un refresco.
Pablo – Muy amable, amigo.
Jaime – Y limonada con té helado para Yoli y para Nicolás.
Yolanda – ¡Anda, Jaime! ¿Cómo puedes llevar en las manos cinco
　　　　　bebidas al mismo tiempo?
Pablo – ¿No ves qué tan largos son sus dedos?
Nicolás – Que bueno que Jaime lleva zapatos; no quieres verle los
　　　　　dedos de los pies. Es el "Pie Grande" original, con pelo en
　　　　　todo el cuerpo y todo. Ja, ja, ja.
Patricia – Ya no más, chicos. Jaime va a <u>sentirse</u> triste.
Jaime – Está bien, reina. Todos sabemos que ellos <u>se sienten</u>
　　　　　deprimidos porque tienen manos de niño y todavía no
　　　　　tienen ningún pelo en el pecho. Ja, ja, ja.
Yolanda – ¡¿Chicos?!
Pablo – Está bien, Yoli; a Jaime le gusta cuando le tomamos el pelo.
Yolanda – Ah, pues, Pablo, ¿no eres muy bajo para poder tomarle
　　　　　el pelo a Jaime?
Patricia – ¡Aaaanda, Yoooli!
Pablo – Aaaay, Yoooli, ¡cuánto me due<u>le</u>! Ja, ja, ja.

Los amigos saben que no están hablando así en serio y creen que todo es muy gracioso y divertido. Los cuatro viejos amigos están muy contentos de ahora tener a Yolanda en el grupo. Ahora Isabel y Francisco bajan con sus bebidas en mano.

Nuestra historia continuará...

Capítulo 11

Un regalo para Pablo

Pablo, Yolanda, Patricia, Nicolás y Jaime están en la sala de estar pasando muy bien su tiempo en la fiesta. Isabel y Francisco ahora están con sus bebidas y bajan por las escaleras.

Nuestra historia continúa...

Isabel y Francisco – ¡Feliz cumpleaños, Pablo!

Pablo – ¡Isa, Paco, hola! Gracias por venir, y ya están con bebidas.

Isabel – Sí, Jaime nos abrió la puerta.

Pablo – ¿En serio? ¿Cuánto tiempo hace que están aquí?

Francisco – No sé. Creo que hace como cinco minutos que estamos.

Pablo – ¿Uds. llegaron hace cinco minutos y solo ahora están bajando a buscarnos?

Isabel – Sí, es que, primero, pasamos unos minutos con Leopoldo. Es tan cariñoso.

Yolanda – ¿Quién es Leopoldo?

Pablo – Es el gato de Patri.

Patricia – ¿Así que Leopoldo ya está en casa? ¿En dónde lo encontraron?

Isabel – Sí, está en casa. Lo que pasó fue que Paco salió a la calle para recoger algo de su coche y cuando regresó a la casa y abrió la puerta, Leopoldo entró.

Patricia – Y la puerta no se queda abierta ahora, ¿verdad?

Francisco – No, ya no está abierta; la cerré cuando Leopoldo y yo entramos.

Pablo – ¡Qué buen regalo! Pasé horas hoy preocupado por Leopoldo porque creo que él salió esta tarde cuando yo fui al parque para estudiar con Yoli.

Francisco – ¿Quién es Yoli?

Yolanda – Soy yo. Hola.

Pablo – ¡Perdón! Isa, Paco, les presento a mi nueva amiga Yolanda. La conocí anoche y es muy amable, divertida y graciosa.

Francisco – ¡Mucho gusto en conocerte, Yoli!

Yolanda – Estoy encantada de conocerlos a los dos.

Isabel – ¿Prefieres "Yolanda" o "Yoli"?

Yolanda – Me da igual, la verdad. Mis padres me llaman "Yolanda", pero casi todos mis amigos me dicen "Yoli".

Francisco – Pues si eres amiga de Pablo, eres amiga nuestra.

Yolanda – Gracias. ¿Y Uds.? ¿Prefieren sus apodos?

Francisco – Sí, porfa. Mi padre se llama Francisco así que aun mis padres me dicen "Paco". La verdad, nadie me dice Francisco excepto mis nuevos maestros el primer día de clases.

Isabel – Y, al igual que a ti, a mí me da lo mismo. Algunos me llaman "Isabel", pero otros me dicen "Isa".

Pablo – Yoli, vas a ver que Paco e Isa son muy buena gente.

Yolanda – Pues de nuevo, mucho gusto en conocerlos.

Francisco – El gusto es nuestro.

Son las 10:00 de la noche y todo el grupo ahora está. Isabel y Francisco están descansando muy de cerca en el sofá pequeño mientras que, en el sofá grande a su derecha, Yolanda está muy cómoda entre Pablo y Patricia, con la pared a sus espaldas. A su derecha, Jaime se queda en el sillón y, enfrente de todos, Nicolás se queda en el suelo, con el televisor y el estéreo detrás de él.

Yolanda – Isa, ¿tú y Paco están saliendo?

Isabel – Sí, hace un año y medio que estamos saliendo.

Yolanda – ¿Y Uds. trabajan juntos?

Isabel – Sí, Paco y yo trabajamos en la librería.

Yolanda – ¿Y qué hacen allí?

Francisco – Isa y yo somos cajeros así que principalmente vendemos libros, pero también vendemos regalos, tarjetas de cumpleaños, tarjetas postales, dulces y otros bienes así.

Yolanda – ¿Cuánto tiempo hace que trabajan allí?

Isabel – Yo tengo seis meses trabajando allí, pero Paco lleva más de ocho meses allí.

Yolanda – Pablo dice que Uds. trabajan hasta las 9:30 los sábados, pero la librería no cierra a las 9:30, ¿verdad?

Francisco – No, lo que pasa es que la librería cierra a las 9:00, pero siempre se quedan algunos clientes hasta como las 9:15 y luego todos tenemos que recoger y arreglar todo para el día siguiente, así que normalmente trabajamos hasta las 9:30.

Patricia – ¿Uds. tienen hambre? Hay un buen guisado de carne y verduras que Pablo y Yoli hicieron. Está en el refri, si lo quieren.

Isabel – Gracias, pero ya cenamos unas tortas muy sabrosas de ensalada de pollo con mayonesa, cebolla, apio y ajo tostado.

Yolanda – Ay, ¡qué deliciosas! ¿Las hiciste tú, Isa?

Isabel – No, Paco las hizo.

Yolanda – ¡Vaya, tantos hombres que cocinan! Me encanta.

Nicolás – Sí, ¡no todos somos perezosos!

Patricia – ¿Cómo que "no todos SOMOS perezosos"? ¡Tú no haces ninguna comida nunca! Siempre compras tu almuerzo en la universidad.

Nicolás – Perdón, no todos SON perezosos. Pero sí hice mi almuerzo el domingo pasado porque fui a la playa.

Patricia – Ah, ¿sí? ¿Y qué comida hiciste?

Nicolás – Hice una torta.

Patricia – ¿De qué?

Nicolás – Una torta de jamón.

Patricia – ¿Y de qué más?

Nicolás – Eeeh... pan.

Patricia – Ya ves. Ja, ja, ja.

Pablo – Es por eso que Nicolás siempre pasa sus noches aquí con nosotros, para no tener que preparar su cena.

Nicolás – Sí, es verdad. Y Uds. son muy generosos.

Isabel – Bueno, Paco y yo trabajamos toda la tarde, pero ¿qué hicieron todos Uds. hoy?

Pablo – Yolanda me buscó en el parque y me ayudó con mi tarea de ciencias. Luego fuimos juntos al súper para comprar unos comestibles. Cuando regresamos a la casa, preparamos el guisado juntos y, luego, yo hice el pan de maíz mientras Yoli hizo un pan de calabacín.

Nicolás – ¿Pan de calabacín?

Pablo – Yo pens<u>é</u> lo mismo, pero Yoli dice que es muy delicioso.

Yolanda – Sí, chicos, no es como Uds. piensan. Es más como un pastel que pan, así que es un poco dulce. Les va a gustar.

Francisco – Ay, lo siento, Yoli. No lo puedo comer; tengo alergias a la calabaza y al calabacín.

Nicolás – Ah... sí... yo también soy alérgico. Lo siento, Yoli. Ja, ja, ja.

Yolanda – Si no quieres comerlo, pues no tienes que comerlo, pero Pablo y yo sí lo vamos a comer, ¿verdad, Pablo?

Pablo – Claro que sí, Yoli. Necesito ser un poco más atrevido como tú. Ja, ja, ja.

Isabel – Y, Jaime, ¿qué <u>hiciste</u> tú hoy?

Jaime – Uy, yo <u>hice</u> un montón de cosas. Sal<u>í</u> de casa como a las 10:00 de la mañana. Luego, <u>fui</u> al cajero automático para retirar dinero de mi cuenta de ahorros, pero no me devolv<u>ió</u> mi tarjeta de débito así que entr<u>é</u> en el banco para recogerla.

Yolanda – ¿<u>Fue</u> el banco que queda en la esquina, enfrente de la biblioteca?

Jaime – Sí, <u>fue</u> ese.

Yolanda – No me gusta nada ese cajero automático. Me cobra una comisión cada vez que retiro dinero porque mi banco queda en Las Vegas, y mi recibo nunca tiene mi saldo de cuenta. Por eso, prefiero usar el cajero automático en el supermercado o en la universidad.

Jaime – Sí, no sé por qué lo us<u>é</u> hoy, pero bueno. Después de sacar mi dinero, y mi tarjeta de débito, <u>fui</u> a la librería donde Isa y Paco trabajan y compr<u>é</u> una tarjeta de cumpleaños y un regalo pequeño para mi abuela. Su cumpleaños es la próxima semana. Después de salir de la librería, <u>fui</u> a la oficina de correos para comprar estampillas y para enviarle a mi abuela el paquete. Cuando sal<u>í</u> de la oficina de correos, <u>fui</u> a la tienda de ropa y compr<u>é</u> esta chaqueta que llevo.

Yolanda – ¡Qué día más ocupado! Ahora, ¿quiénes quieren postre?

Nuestra historia continuará...

Capítulo 12

¿Cómo se dice?

Pablo y todos sus mejores amigos están en el sótano descansando cómodamente y hablando de sus días. Están celebrando el cumpleaños de Pablo y la noche es joven. Todavía quedan unos postres por comer y Yolanda está empezando a ver que este grupo de amigos es, lingüísticamente, muy diverso.

Nuestra historia continúa...

Yolanda – ¡Qué día más ocupado! Ahora, ¿quiénes quieren postre?
Pablo – Arriba, chicos. Hay pastel de chocolate, no solamente pan
      de calabacín. Vamos.
Nicolás – Adelante, Pablo. ¿Me traes un poco de los dos? Estoy muy
      cómodo aquí en el suelo.
Patricia – Quieres decir que estás "muy PEREZOSO" en el suelo.
Yolanda – Vamos, Pablo, tú y yo podemos traerles los postres a
      todos mientras ellos se quedan descansando.
Nicolás – ¡Mil gracias, amigos! Son de los más amables.
Patricia – ¿Están seguros, chicos?
Yolanda – Segurísimos, Patri.
Patricia – Pues muchas gracias.

Pablo y Yolanda suben por las escaleras y van a la cocina. Yolanda abre la puerta del refrigerador y saca los postres mientras Pablo recoge los platos. Juntos, Pablo y Yolanda reparten el pastel de chocolate para todos y el pan de calabacín para todos excepto para Francisco, por sus alergias. Cuando tienen todo listo, regresan al sótano para entregarles el postre.

Yolanda – Aquí tienen, chicos. A ver si les gustan los dos.
Nicolás – Muy amable.
Jaime – Sí, muchas gracias.

A Pablo todos le cantan "Feliz cumpleaños" y "Las mañanitas", una canción vieja y tradicional y todos están contentos. Después, empiezan a comer los postres y a todos les gustan, aun le gusta el pan de calabacín a Nicolás.

Isabel – ¡Qué sabrosos son los dos postres! ¿Y no los compraron?

Yolanda – No, los hicimos.

Pablo – Pues Yoli los hizo y yo ayudé un poco.

Isabel – ¿Cómo aprendiste a hacer postres así?

Yolanda – Mi abuela me enseñó a cocinar hace muchos años.

Nicolás – Yoli, este pan de calabacín está bueno, pero tu torta de chocolate es la mejor.

Yolanda – ¿Cómo que "torta"? No es ningún sándwich.

Nicolás – Lo siento. Es que en Perú se dice "torta". Normalmente uso la palabra "pastel" porque es la palabra que casi todos entienden aquí y, también, cuando uso la palabra "torta" muchos piensan en "sándwich", como tú. Y, para colmo, mis abuelos, quienes son de España, lo llaman "tarta".

Yolanda – Sí, estoy empezando a ver que este grupo es lingüísticamente muy diverso.

Nicolás – Sí, todos tenemos diferentes palabras que usamos con nuestras familias, pero a veces es más fácil usar las palabras que los otros del grupo usan, y así tenemos menos problemas.

Patricia – Así es. Yo les enseño a todos las palabras que mi familia usa y ellos me enseñan a mí las palabras de sus familias y, al final, todos aprendemos mucho y entendemos más.

Yolanda – A mí me gusta la diversidad. ¿Coche o carro? ¿Tina o bañera? ¿Lavabo o lavamanos?

Nicolás – ¿Pastel o torta?

Jaime – ¿Torta o sándwich?

Isabel – ¿Inodoro, retrete o taza?

Francisco – ¿Alquilar o rentar?

Pablo – ¿Ver la tele o mirar la tele?

Nicolás – ¿Piscina o alberca?

Patricia – ¿Qué más? ¿Qué más? Oh, ¿almuerzo o comida?

Nicolás – Sí, y todas las comidas: fresa o frutilla, palta o aguacate, banana o plátano, nueces o frutos secos...

Patricia – Durazno o melocotón...

Nicolás – Sí, durazno o melocotón.

Pablo – Refresco o gaseosa, té helado o té frío, licuado o batido...

Francisco – Y la lista de sinónimos no termina. Tenemos que ser abiertos a todas las diferencias lingüísticas que hay entre todos nosotros.

Isabel – Los latinos y latinas somos una gente, pero diferentes al mismo tiempo. Es exactamente por eso por lo que quiero estudiar lingüística. Después de graduarme, quiero dedicarme a la traducción o a la interpretación o a otro campo lingüístico.

Yolanda – ¿Todos Uds. están en su segundo año de la uni?

Patricia – Jaime es estudiante de primer año, y yo estoy en mi tercer año, pero los otros sí están en su segundo año.

Yolanda – A Uds. los quiero conocer más. ¿Puedo hacerles unas preguntas, como un tipo de entrevista? Uds. pueden contestar con respuestas cortas o largas.

Patricia – Sí, cómo no. Me parece divertido.

Yolanda – Vale. Pablo, empezamos contigo. ¿Qué quieres estudiar y por qué?

Pablo – Como bien sabes, a mí me encanta la música. Me encanta escribirla, me encanta tocarla y me encanta cantarla. Quiero ser músico y así dedicarme a la música toda la vida. ¿Pasé la prueba? Ja, ja, ja.

Yolanda – No es una prueba, sino un ejercicio académico. Ahora, ¿qué nota sacaste en tu última clase de música?

Pablo – Saqué una B el semestre pasado, pero el maestro no fue muy bueno.

Patricia – ¡Qué excusa!

Pablo – En serio. Yo hice todas las actividades, saqué buenos apuntes y los estudié, hice mis presentaciones y entregué toda mi tarea.

Patricia – ¿Y los exámenes?

Pablo – Bueno, los exámenes...

Patricia – Allí está.

Pablo – Bueno, empecé muy bien, en las primeras semanas, pero sus exámenes fueron imposiblemente difíciles. Es que normalmente saco muy buenas notas, especialmente en mis clases de música... es que esa clase no fue mi favorita.

Yolanda – Ay, Pablo, no debes estar tan frustrado ahora. Fue una sola clase y el pasado es el pasado.

Pablo – Sí, gracias.

Yolanda – ¿Y qué tal el arte? ¿No quieres ser pintor profesional?

Pablo – Me gusta pintar, pero no es mi pasión. Creo que siempre voy a pintar, pero creo que va a ser nomás un *hobby*.

Yolanda – Bueno, Isa, ya contestaste esa pregunta sobre qué quieres estudiar y por qué. A ver, otra pregunta, ¿dónde puedes trabajar de intérprete?

Isabel – No sé exactamente, pero quizá en una clínica. A mí me gusta la medicina. Quizá puedo interpretar entre los médicos y médicas y sus pacientes.

Nicolás – Eso es muy buena idea. Es que muchos doctores aquí hablan español, pero a veces no es suficiente. A veces voy a la clínica con mis abuelos porque no hablan inglés muy bien y tengo que ser el intérprete.

Pablo – Eso no es nada bueno. Los pacientes tienen el derecho a servicios de interpretación. Es la ley del gobierno federal.

Nicolás – Bueno, a veces el gobierno dice una cosa y las empresas hacen otra cosa.

Yolanda – ¿Ya ves, Isa? Van a necesitar más intérpretes. Y si te dedicas tanto al vocabulario de medicina como al estudio de la interpretación, vas a ser experta y te van a emplear. Es cuestión de oferta y demanda y parece que hay mucha demanda.

Isabel – Sí, parece que sí, Yoli.

Yolanda – A ver, Jaime, ¿A qué piensas dedicarte en el futuro?

Jaime – Pues como es mi primer semestre de la uni, estoy tomando
todas las clases básicas, como cálculo, física, educación
física, inglés e historia, pero el próximo semestre quiero
tomar una clase de psicología y otra de filosofía porque
quiero ser psicólogo para adolescentes, especialmente
adolescentes que se identifican con la comunidad LGBTQ
como Patri y yo.

Yolanda – ¡Genial! ¿Y es por tus experiencias personales con los
consejeros del Centro de Recursos LGBTQ por las que
quieres ser psicólogo?

Jaime – Sí, es que mi familia no sabe nada de cómo me siento y no
saben cómo ayudarme, pero los consejeros y psicólogos, y
otros chicos del grupo como Patri me ayudan mucho. Con
ellos, y con Uds., me siento muy cómodo siendo quién soy y,
en el futuro, quiero poder ayudar a otros adolescentes de la
misma manera.

Yolanda – Muy bien. A ver..., Patri, misma pregunta.

Patricia – Yo quiero estudiar derecho para llegar a ser abogada
algún día.

Yolanda – ¿Qué tipo de derecho quieres practicar?

Patricia – Quiero ser abogada para inmigrantes latinos que no
hablan inglés muy bien, porque muchas veces, no saben
cuáles son sus derechos en este país.

Yolanda – ¡Vaya, qué bueno, Patri! *Okay*, Paco, a ver..., ¿Cuál es tu
clase favorita este semestre?

Francisco – Uy, no lo sé. Estoy tomando una clase de ciencias de
informática, o sea de computadoras, y otra de ingeniería
eléctrica. Las dos me gustan igualmente.

Yolanda – ¿Piensas ser programador... o ingeniero... o qué?

Francisco – No lo sé. Quizá puedo ser ingeniero de inteligencia
artificial porque es muy fascinante, pero sé que no
tengo que tomar ninguna decisión hasta el próximo año.

Pablo – Así es, Paco. Tienes mucho tiempo para tomar la decisión.

Yolanda – A ver...

Nicolás – Negocios.

Yolanda – ¿Cómo?

Nicolás – Quiero estudiar negocios, probablemente ventas o
        marketing.

Yolanda – Pero no te hice ninguna pregunta.

Nicolás – Pues soy el último del grupo, ¿no?

Yolanda – Sí, pero, aun así, no sabes mi pregunta.

Nicolás – Lo siento. ¿Cuál es tu pregunta para mí?

Yolanda – ¿Dónde compraste esos zapatos taaan elegantes?

Nicolás – Ja, ja, ja.

Isabel – Yoli, no puedes hacernos preguntas sin contestarlas tú
        misma.

Yolanda – Bueno, pues me gustan mucho las ciencias, tanto la física
        como la biología, así que, no sé. Puedo trabajar en
        astronomía o en biotecnología o algo así.

Pablo – Ya está. ¡Todos vamos a cambiar el mundo!

Los siete amigos continúan hablando de todo y nada hasta casi la medianoche. Isabel tiene planes para mañana y tiene que irse pronto.

Isabel – ¿Alguien sabe qué horas son? Creo que mi teléfono se
        quedó en el comedor con Leopoldo.

Jaime – ¡Uy, es tarde! Son las 11:55 de la noche.

Nicolás – ¿Uds. tienen que irse?

Nuestra historia continuará...

Capítulo 13

Muy buenas noches

Es muy tarde, casi medianoche, y la fiesta de cumpleaños de Pablo está terminando. Isabel y Francisco tienen que irse pronto y Nicolás quiere saber por qué.

Nuestra historia continúa...

Isabel – ¿Alguien sabe qué horas son? Creo que mi teléfono se quedó en el comedor con Leopoldo.

Jaime – ¡Uy, es tarde! Son las 11:55 de la noche.

Nicolás – ¿Uds. tienen que irse?

Isabel – Desafortunadamente que sí. Yo tengo que acostarme pronto porque voy a levantarme temprano para desayunar con mi mamá. Y como llegué con Paco en su coche, él tiene que salir conmigo para llevarme a mi apartamento.

Pablo – ¿A qué hora vas a desayunar con ella?

Isabel – Vamos a desayunar a las 8:00 así que tengo que levantarme alrededor de las 6:50 de la mañana.

Nicolás – ¿Por qué tienes que levantarte tan temprano?

Isabel – Pues no me lavé el cabello ayer ni esta mañana así que necesito lavarme el cabello mañana, y como lo tengo muy largo, necesito mucho tiempo.

Nicolás – ¿Necesitas lavarte el pelo por una hora?

Isabel – No, pero también tengo que secarme el cabello con secador y luego maquillarme...

Nicolás – ¿Tienes que maquillarte para desayunar con tu mamá?

Isabel – Vamos a un restaurante para desayunar y nunca salgo de la casa sin maquillarme.

Nicolás – Si yo desayuno a las 8:00 de la mañana, necesito despertarme como a las 7:45 y solo necesito cepillarme los dientes y amarrarme los zapatos antes de irme.

Isabel – Bueno, es porque eres un chico.

Yolanda – Ser un chico no tiene nada que ver. Yo casi nunca me maquillo y prefiero ducharme o bañarme en la noche porque no me gusta tener que despertarme muy temprano. Después de levantarme, solo tengo que lavarme los dientes, peinarme el cabello y vestirme.

Isabel – Bueno, Yoli, tu cabello se ve muy bonito en una simple liga de pelo. Yo no soy tan afortunada como tú.

Pablo – Chicos, no hay problema si Isa prefiere verse muy bien cada día. **Al fin de cuentas**, su rutina diaria no tiene que gustarles a Uds.

Isabel – Gracias, Pablo.

Pablo – De nada, Isa. Bueno, tú y Paco deben irse porque después de manejar a casa, cambiarte de ropa, lavarte los dientes y desmaquillarte, a ver si duermes seis horas.

Isabel – Claro, y si no duermo por lo menos por seis horas, normalmente estoy de mal humor toda la mañana.

Pablo – Bueno, Paco, Isa... muchas gracias por venir a mi fiesta. Uds. son muy buenos amigos.

Francisco – Lo mismo decimos, amigo. De nuevo, feliz cumpleaños.

Pablo – Gracias. Nos vemos pronto, chicos.

Isabela – Chao, Pablo. Adiós, chicos.

Yolanda – Mucho gusto en conocerlos, chicos.

Isabela – El gusto es nuestro, Yoli.

Francisco e Isabel les dicen adiós a todos y suben por las escaleras. Isabel recoge su teléfono y los dos se van. Los otros cinco amigos hablan por un rato más para hacer planes para mañana y luego se preparan para dormir.

Yolanda – Creo que debo irme pronto también. Patri, ¿a qué hora piensas salir para la playa mañana?

Patricia – El plan es llegar allí a las 11:00. ¿Por qué no te quedas aquí esta noche? Tenemos una habitación extra con una cama muy cómoda.

Pablo – Sí, la recámara con las paredes anaranjadas. Ja, ja, ja.

Yolanda – No lo sé.

Nicolás – No hay problema si quieres quedarte, Yoli. Es muy normal
      por aquí. Yo también voy a quedarme allí en el sofá.
Pablo – Sí, Nicolás anda por aquí **como Pedro por su casa**. Ja, ja, ja.
Yolanda – Jaime, ¿qué piensas tú?
Jaime – Como dice Nicolás, es muy normal. Nuestros amigos se
      quedan aquí de vez en cuando.
Yolanda – No tengo ropa para mañana... No tengo mi cepillo de
      dientes...
Patricia – No hay problema, Yoli. Hay un cepillo de dientes nuevo en
      el baño aquí abajo, y si quieres ducharte esta noche,
      también tenemos toallas limpias en el baño. Y mañana, no
      vas a necesitar ropa porque vas a llevar mi traje de baño.
Yolanda – Pero, yo voy a necesitar afeitarme las piernas antes de ir
      a la playa. Tengo el pelo de las piernas muy largo porque
      creo que la última vez que me afeité fue el martes
      pasado. Ahora saben por qué llevo pantalones largos
      cuando hace muy buen tiempo.
Patricia – No hay problema, amiga; yo tengo todo lo que necesitas y
      lo puedes usar todo: cuchilla nueva para rasurarte las
      piernas, cepillo o peine de pelo para cepillarte o peinarte
      el pelo, cepillo de dientes con pasta dental para lavarte los
      dientes, y secador para secarte el pelo. **Mi casa es tu casa**.
Yolanda – Pues, Patri, eres muy amable. Está bien. Me quedo.
Pablo – Perfecto, pero hay una cosa que debes saber, Yoli.
Yolanda – ¿Qué cosa?
Pablo – Nicolás rrrrrronca. Por eso duerme aquí en el sótano
      mientras nosotros tres dormimos arriba en el segundo piso.
Yolanda – Ay, no, Nicolás. Si no me puedo dormir, vas a tener que
      dormir en la cocina. Ja, ja, ja.
Nicolás – Es que soy un buen despertador.
Pablo – Chicos, voy a preparar el café para todos a eso de las 9:00 y
      podemos desayunar como a las 9:30.
Patricia – Yolanda y yo vamos a ir a la playa mañana porque va a
      hacer muy buen tiempo. ¿Quieren venir con nosotras?
Jaime – Yo, sí. ¿Chicos?
Pablo – Yo voy si Nicolás va. ¿Nicolás?

Nicolás – ¿Va a estar la dominicana?

Patricia – Se llama Talía y, sí, va a estar.

Nicolás – Entonces que sí voy.

Patricia – Bien, pues ¿por qué no vamos a un restaurante para desayunar antes de ir a la playa? Así Pablo no va a tener que preparar desayuno para cinco.

Pablo – Está bien para mí. ¿Qué les parece a Uds.?

Nicolás – A mí me parece genial.

Yolanda – A mí, tambiééé... un momento, no tengo ropa para mañana. ¡No puedo ir al restaurante en *bikini*!

Patricia – Puedes llevar la misma ropa. Nadie va a saber que es tu ropa de hoy. O, si prefieres, creo que tengo pantalones cortos y una camiseta que puedes llevar.

Jaime – Bien, chicos. Tengo mucho sueño, y si no subo a mi recámara para acostarme ahorita, voy a quedarme dormido aquí mismo en este sillón. Uds. pueden tomar la decisión y mañana me dicen. Voy a estar despierto a las 8:00. Gracias, Pablo, por la cena, y gracias, Yolanda por los postres. Me gustaron mucho.

Pablo – Por nada, Jaime. Buenas noches.

Jaime – Buenas noches a todos.

Patricia – Buenas noches, rey.

Nicolás – Buenas noches, hombre.

Pablo – Pues si todos estamos despiertos a las 8:00, podemos ducharnos y vestirnos para estar listos para irnos a las 9:00.

Yolanda – Perfecto.

Pablo – Bueno, voy a subir para cepillarme los dientes y luego me acuesto. Buenas noches, chicos. Gracias por la fiesta.

Nicolás – Buenas noches.

Patricia – Nicolás, tú ya sabes por dónde encontrar las toallas. Yoli, te enseño dónde las guardamos en el clóset del baño. Hay champú, desodorante y todo aquí también...

Nuestra historia continuará...

Capítulo 14

A la mañana siguiente

La fiesta de cumpleaños de Pablo terminó anoche cuando Isa y Paco se fueron alrededor de la medianoche. Los otros cinco amigos se quedaron e hicieron planes para el día siguiente. En vez de regresar a su apartamento después de la fiesta, Yolanda se quedó y pasó la noche en la habitación extra —la de las paredes anaranjadas— mientras que Nicolás se quedó en el sofá cómodo grande. Cuando Pablo se acostó en su cama, puso su despertador para las 8:00 de la mañana.

Nuestra historia continúa...

A la mañana siguiente, Pablo se despierta cuando su despertador suena. Se levanta y, cuando abre la puerta de su dormitorio, ve que <u>la del dormitorio</u> de Patricia todavía está cerrada, pero <u>la del dormitorio</u> de Jaime ya está abierta.

Pablo – ¡Bueenoos díías, chiicoos! Es hora de despertarse. Patri, ¿ya te levantaste?
Patricia – Me estoy levantando ya, gracias.
Pablo – Vale.

En pijama y pantuflas, Pablo baja por las escaleras al primer piso y ve que Jaime está en la mesa del comedor tomando un café y leyendo algo en su teléfono. También ve que Jaime lleva pue<u>st</u>a su ropa del día.

Pablo – Buenos días, Jaime. ¿Qué estás haciendo?
Jaime – Buen día, Pablo. Estoy nomás tomando un cafecito y checando el clima de hoy. ¿Qué tal dormiste anoche?
Pablo – Dormí muy bien. Después de cepillarme los dientes anoche, me puse la piyama, me acosté y me dormí de inmediato. Creo que dormí toda la noche sin despertarme ni una vez, bueno, hasta que mi despertador sonó, claro. ¿Y tú?

Jaime – Bueno, no dormí muy bien.

Pablo – Ay, no. ¿Otra vez? Lo siento mucho.

Jaime – Sí, me desperté como seis o siete veces durante la noche. Al final, me levanté como a las 6:00.

Pablo – Veo que ya llevas puesta tu ropa para la playa.

Jaime – Sí, es que ya llevo puesto mi traje de baño para no tener que buscar un lugar en donde cambiarme de pantalones en la playa. Solo voy a tener que quitarme la camiseta y las chanclas y ya.

Pablo – Buena idea. Después de ducharme, me lo pongo yo también. El único problema es que mi traje de baño no tiene bolsillos.

Jaime – ¿Qué importa si tiene bolsillos o no?

Pablo – Como no tiene bolsillos, no tengo en donde poner mi cartera ni teléfono. Voy a tener que traerlos conmigo en la mano.

Jaime – Ah, sí. No pensé en eso. Pues mi traje tiene dos bolsillos con cierre, así que puedo llevar todas mis cosas sin ningún problema.

Pablo – Bueno, ahora que lo estoy pensando, voy a llevar puestos al restaurante unos cortos normales y llevar mi traje de baño conmigo en la mochila. Hay baños allí donde puedo cambiarme de pantalones.

Mientras Pablo y Jaime hablan, Patricia baja por las escaleras llevando puestas sus pantuflas y su bata de baño.

Patricia – Buenos días, chicos. ¿Durmieron bien?

Pablo – Yo sí, Jaime no.

Patricia – Ay, no, cariño. ¿Otra vez?

Jaime – Sí.

Patricia – ¿Por qué no hacemos una cita con uno de los consejeros del Centro de Recursos LGBTQ? A ver si ellos saben algo.

Jaime – Bueno, muchas gracias. Quizá el jueves por la mañana. No tengo clases hasta las 11:00 de la mañana.

Patricia – Mañana empiezo mi nuevo trabajo y me van a dar mi horario de la semana. Si no tengo que trabajar, puedo ir contigo, si quieres.

Jaime – Ah, sí, es cierto. Vas a trabajar en el café.

Patricia – Sí, generalmente voy a trabajar por las tardes, después de mis clases, pero dicen que a veces me van a necesitar en las mañanas si uno de los empleados regulares está enfermo o de vacaciones o algo así.

Jaime – *Okay*, vamos a ver pues.

Patricia – ¿Están despiertos Nicolás y Yolanda?

Pablo – No lo sé, la verdad.

Patricia – ¿Qué horas son, Jaime?

Jaime – Son las 8:13.

Patricia – Gracias. Voy a ver si todavía están dormidos.

Patricia baja al sótano para ver si Yolanda y Nicolás están despiertos o dormidos. Cuando llega, ve que la puerta del dormitorio de Yolanda está cerrada y que Nicolás está dormido en el sofá, roncando, llevando puestos solamente sus pantalones cortos interiores mientras toda su ropa de fiesta está por todas partes del sótano. Sus pantalones de pana verde oscuro están en el sillón. Sus mocasines de cuero marrón están en el suelo. Sus calcetines azules oscuro de algodón están en diferentes partes: uno en el sofá pequeño y otro colgando de la lámpara. Su camisa blanca de manga larga con cuello y botones está en una de las sillas de madera. Y su corbata de seda de rayas amarillas y azules y su cinturón de cuero marrón están colgando del televisor. Patricia ignora su desastre y le habla en voz baja para despertarlo, pero él no quiere despertarse.

Patricia – Nicolás, cariño, es hora de despertarte...

Nicolás – Uuuh, mmmmás tarde, por favor.

Patricia – Nicolás, cariño, es hora de levantarte...

Nicolás – Uuuh, quince minutos más, por favor.

Patricia – Nicolás, cariño, ya son las 8:15...

Nicolás – Uuuh, treinta minutos más, por favor.

Patricia – Nicolás, cariño, Jaime preparó café...

Nicolás – ¡Estoy despierto!

Nicolás abre los ojos, se levanta de inmediato y va directamente al comedor sin siquiera ponerse los pantalones.

Nicolás – Gracias, Patri. Oh, y buenos días.
Patricia – Buenos días, chico.

Ya que Nicolás está despierto, Patricia toca a la puerta del dormitorio para despertar a Yolanda. *Toc, toc, toc...* nada. *Toc, toc, toc...* nada. *Pum, pum, pum...* nada. Patricia abre la puerta un poco.

Patricia – Yoli, ¿ya te levantaste?

Yolanda no responde. Patricia abre la puerta un poco más y ve que Yolanda está profundamente dormida, roncando. Patricia le toca el hombro para despertarla.

Yolanda – Zzzzzzzzzz.
Patricia – ¡No me digas! ¿Tú también? Yoli, ¿te despiertas?
Yolanda – Mmmmmás tarde, por favor.
Patricia – ¡Ay, por dios! Eres un Nicolás femenino. Yoli, son las 8:15.
　　　　¿Te despiertas?
Yolanda – Uuuh, ¿qué hora es?
Patricia – Todavía son las 8:15. Los chicos están arriba tomando
　　　　café. ¿Te levantas?
Yolanda – Mmmmm, *okay*, en cinco minutos.
Patricia – Vale. Si no estás despierta en cinco minutos, vuelvo a
　　　　despertarte. ¿Vale?
Yolanda – Zzzzzzzzzz.
Patricia – Vale.

Patricia sube por las escaleras para reunirse con los chicos en el comedor.

Patricia – Chicos, me voy a duchar. Ya vengo.
Pablo – Oye, Patri, ¿vas a llevar pues<u>to</u> tu bañador al restaurante?

Patricia – Por supuesto. Así no voy a tener que buscar un baño en donde cambiarme. Con tan solo quitarme el vestido, voy a estar lista.

Pablo – Buena idea, Patri. ¡Uy! Jaime, tengo que comprar un traje de esos que tienen bolsillos con cierre.

Yolanda sube por las escaleras llevando puesta la bata de baño blanca que encontró colgando en la puerta del baño del sótano y ve que Jaime, Pablo y Nicolás están en la mesa del comedor, tomando café, cada uno llevando puestas diferentes prendas de vestir.

Pablo – Buenos días, Yoli.

Yolanda – Buen día, chicos. Uuuh, Pablo, me encantan tus pantuflas.

Pablo – Gracias, a mí también me gustan. Mi abuela me las dio por mi cumpleaños hace tres años.

Yolanda – Uuuh, Nicolás, pantalones cortos interiores. Estás un poco menos formal que anoche, ¿no lo crees?

Nicolás – Me gusta vestirme bien para las fiestas, pero para tomar el café en la mañana, prefiero estar cómodo.

Jaime – Pero muuuy cómodo. Ja, ja, ja.

Yolanda – ¿Uds. ya se ducharon?

Jaime – Yo sí, pero Pablo y Nicolás no.

Yolanda – Pues yo me duché anoche.

Nicolás – ¿Y te rasuraste las piernas también?

Yolanda – Sí, me las afeité y están lisas. ¿Quieres sentírmelas?

Nicolás – Ay, están pero muuuy lisas.

Yolanda – Un momento, ¿tú también te afeitas las piernas? No te veo ningún pelito en las piernas.

Nicolás – Sí, me las rasuro yo también.

Yolanda – Pero ¿por qué?

Nicolás – Porque me gusta rasurármelas.

Pablo – Es que él participa en el equipo de natación y todos dicen que pueden nadar más rápidamente si se afeitan las piernas. También se afeitan los brazos, el pecho y todo.

Jaime – Aaah, ¡por eso Nicolás no tiene ningún pelo en el pecho! Entonces, ¿qué excusa tienes tú, Pablo? Ja, ja, ja.

Pablo – No tengo ninguna excusa. Soy quien soy.

Yolanda – ¿Es verdad, Nicolás? ¿Te afeitas todo el cuerpo para el equipo de natación?

Nicolás – Sí, me lo rasuro todo. No sé si me hace nadar más rápidamente, pero me encanta sentir el agua en mi cuerpo después de rasurármelo.

Yolanda – Qué divertido eres, Nicolás.

Jaime – Yoli, ¿quieres tomar un cafecito?

Yolanda – Sí, gracias.

Jaime – ¿Negro o con leche de almendra?

Yolanda – Negro, porfis. Pablo, Nicolás, ¿van a ducharse antes de salir?

Nicolás – Yo no. Voy a ducharme después de regresar de la playa. Me duché antes de venir a la fiesta anoche así que no me siento muy sucio ahora, pero siempre me siento asqueroso después de nadar en el mar.

Pablo – Yo también, pero voy a ducharme ahora y después de regresar. ¿Qué horas son?

Jaime – Son las 8:30.

Pablo – Bueno, chicos, tenemos media hora para alistarnos para salir y debemos tener listo todo lo que vamos a querer en la playa.

Jaime – Como vamos a ir del restaurante directamente a la playa, no necesitamos preparar ningún almuerzo, pero creo que vamos a querer agua u otras bebidas. Quizá traemos las bebidas que quedan de la fiesta.

Pablo – Buena idea, Jaime. Nicolás y yo vamos a llevar nuestras mochilas, así que podemos guardar muchas cosas en ellas. Bueno, me ducho y ya regreso.

Yolanda – Nicolás, ¿sabes dónde está Patri?

Nicolás – Sí, después de despertarte, ella fue a su baño para ducharse.

Yolanda – Patri no me despertó. Leopoldo lo hizo.

Nicolás – ¿Cómo crees?

Yolanda – Parece que Leopoldo abrió la puerta de la habitación, entró, se subió a la cama, se acostó en mi cabeza y empezó a ronronear. "Prrrrrrrrrrrr".

Nicolás – ¡Qué gracioso! Ya ves que es muy cariñoso.

Yolanda – Que sí. Bueno, voy a ver si Patri está en su recámara o si todavía está en la ducha.

Yolanda pasa por el pasillo en dirección al dormitorio de Patricia y ve que la puerta está abierta, así que entra.

Yolanda – Patri, ¿estás aquí?

Patricia – Sí, Yoli. Estoy en el baño aquí. Puedes pasar.

Yolanda – ¿Ya llevas pues<u>to</u> tu traje de baño?

Patricia – Sí, pero puse <u>el de rayas azules y blancas</u> para ti allí en mi cama. A ver cómo te qued<u>a</u>. Si entras en mi clóset, puedes cerrar la puerta y probár<u>telo</u> allí.

Yolanda – ¡Vaya! Tú clóset es muy grande. ¡Cuánta ropa tienes!

Yolanda entra en el guardarropa de Patricia y se quita la bata para probarse el traje de baño de ella. <u>Se lo</u> prueba y le qued<u>a</u> muy bien.

Yolanda – Patri, ¿cómo me veo?

Patricia – Te ves muy bien. Me parece que te qued<u>a</u> perfecto.

Yolanda – Sí, me qued<u>a</u> muy bien.

Patricia – Lo puedes llevar pues<u>to</u> al restaurante, pero ¿prefieres llevar también tu ropa de ayer o quieres ver si tengo algo más para ti?

Yolanda – Bueno, a ver qué más tienes en este clóset enorme.

Yolanda regresa al guardarropa para ver qué otra ropa tiene Patricia. Allí, encuentra muchas prendas que le gustan y <u>se las</u> prueba mientras Patricia se seca y se peina el pelo en el baño.

Yolanda – Patri, tienes mucha ropa muy bonita. ¿Puedo probarme estos cortos blancos?

Patricia – ¿<u>Los de mezclilla con bolsillos</u> o <u>los de nilón sin bolsillos</u>?

Yolanda – <u>Los de mezclilla</u>...

Patricia – Sí, pero creo que te v<u>an</u> a quedar un poco sueltos.

Yolanda – Ah, sí, me quedan un poco flojos. ¿Qué tal estos cortos amarillos?

Patricia – ¿Los amarillos lisos o los amarillos floreados?

Yolanda – Los lisos, pero ¿tienes pantalones cortos amarillos floreados?

Patricia – Sí, me encanta la ropa floreada.

Yolanda – ¡A mí también! Ahora tengo que encontrar los floreados. A ver..., ¿dónde están? Ah, aquí están; los encontré.

Patricia – Esos te van a quedar muy bien. Tienen dos botones, así que puedes ajustártelos si quieres.

Yolanda – Sí, me quedan muy bien. Ahora, si tienes una camiseta...

Patricia – Colgando a la izquierda, hay una camiseta de color gris claro con bolsillo de pecho. Te puede gustar y te va a quedar bien.

Yolanda – ¿Esta?

Patricia – No lo sé. No la puedo ver.

Yolanda – Ah, sí, claro. A ver... sí, me queda bien, pero un poco corta.

Yolanda sale llevando puestos los cortos amarillos y la camiseta gris. Le pregunta a Patricia qué tal le parecen juntos.

Yolanda – ¿Qué tal te parecen juntos estos cortos con esta camiseta?

Patricia – A mí me parecen bien, pero no tengo ojo para la moda. Por eso me gusta llevar vestidos cuando hace buen tiempo. Un diseño y ya. Nada para coordinar.

Yolanda – Yo tampoco soy muy buena con la moda. Normalmente me visto de pantalones cortos atléticos de poliéster y una camiseta de tela sintética para practicar deportes. Es que soy muy aburrida así, pero cuando hago una actividad divertida, como ir a la playa o ir a una fiesta, me gusta llevar ropa más divertida como estos cortos floreados.

Patricia – Pues te ves muy guapa.

Yolanda – Gracias, Patri, y tú también con ese vestido de verano.

Patricia – Gracias. Vamos a ver qué están haciendo los chicos.

Las chicas salen de la habitación y pasan por el pasillo en dirección al comedor. Allí encuentran a Pablo saliendo de su dormitorio.

Yolanda – Hola, Pablo. ¿Chanclas con calcetines blancos largos? Puedes unirte a nuestro club de moda.
Pablo – Solo si puedo ser el presidente del club.

Los tres van juntos al comedor y encuentran allí a Nicolás y a Jaime, listos para salir.

Nicolás – ¿Ya están listos, chicos?
Yolanda – Nosotros sí, pero ¿de dónde sacaste esa ropa que llevas puest_a_?
Nicolás – La saqué de esta mochila. La traje conmigo anoche.
Yolanda – ¿Y siempre traes un traje de baño contigo **por si las moscas**?
Nicolás – Casi siempre.
Patricia – ¿Y qué vas a hacer con toda tu ropa que tienes colgando por todas partes en el sótano?
Nicolás – Ya la puse en tu cesto de la ropa sucia. La voy a lavar más tarde.
Pablo – Vale, casi son las 9:00.
Jaime – Nicolás y yo ya pusimos todo lo que necesitamos en su coche: cinco toallas, el bronceador de Patri y su parasol, algunas aguas y el té helado con limonada de anoche. Pienso que es todo. Si Uds. tienen sus gafas de sol o sus gorras, creo que ya estamos listos.
Patricia – ¡Vaya, chicos, muchas gracias!
Yolanda – ¿Vamos todos en un solo carro?
Nicolás – Sí, yo manejo el carro de mi abuelo. Es muy grande así que todos vamos a estar muy cómodos.
Yolanda – Muy bien, Nicolás, pero en camino al restaurante, tienes que contarme qué pasó anoche con toda tu ropa. Ja, ja, ja.
Patricia – Yoli, es mejor no saber.

Nuestra historia continuará...

Capítulo 15

¿Qué hay de comer?

Los cinco amigos van a su restaurante mexicano favorito para desayunar porque dan muy buen servicio y porque todos los meseros, gerentes y otros empleados hablan español. Todos se suben al coche del abuelo de Nicolás. Nicolás maneja y Jaime se pone a su lado, enfrente. Pablo, Yolanda y Patricia van en la parte trasera. Hablan de lo misteriosos que son los hábitos del sueño de Nicolás, en particular, su forma de desvestirse mientras duerme. También hablan de cómo Leopoldo despertó a Yolanda en la mañana. Resulta que cuando Patricia abrió la puerta para despertar a Yolanda, Leopoldo entró en la habitación, y el resto es historia. Y todos piensan que es una historia muy graciosa. Al llegar al restaurante, todos se bajan del coche y entran en el restaurante.

Nuestra historia continúa...

Empleado – Muy buenos días, señores y señoritas. ¿Desean una mesa para desayunar o van a pedir para llevar?

Pablo – Una mesa para cinco, por favor.

Empleado – ¿Tienen Uds. una reservación?

Pablo – Desafortunadamente no.

Empleado – No hay problema. Es que estamos muy ocupados esta mañana. Si nos dan unos diez minutos, vamos a tenerles una mesa perfecta al lado de la ventana.

Pablo – Perfecto, gracias, amigo.

Patricia – ¡Me encanta este sitio!

Jaime – A mí también.

Yolanda – No lo conozco.

Patricia – ¿En serio? Tienen de todo.

Yolanda – Como ¿qué?

Patricia – Tienen los desayunos más típicos de Estados Unidos, como torta de huevo Denver con cebolla, pimiento verde, tomate, jamón picado y queso fundido, y la sirven con una carne, como tocino o salchicha, y papas ralladas y fritas.

Pablo – También tienen desayunos dulces como panqueques y torrijas, o sea pan tostado a la francesa, y muchos diferentes jarabes, como el tradicional jarabe de arce y los de frutas como arándano y fresa y le echan crema dulce.

Jaime – También tienen comida *Tex-Mex*, como huevos rancheros con frijoles, burritos de desayuno con papas, chorizo y queso, todo bañado en salsa verde con cerdo, con una cucharada de crema y una de guacamole.

Yolanda – ¿Pica mucho la comida aquí?

Pablo – Depende del plato y si hay salsa o no. Puedes pedir salsa brava, salsa picante o salsa suave que no pica nada. Pero creo que la salsa suave es un poco sosa y no te la recomiendo.

Patricia – Muchos restaurantes tienen todo eso, pero este restaurante tiene desayunos típicos de México.

Yolanda – ¿Como cuáles?

Jaime – Como el plato favorito de Patri: los chilaquiles.

Patricia – ¡Se me hace agua la boca!

Yolanda – ¿Cómo son los chilaquiles?

Patricia – Ah, es que no tienes familia mexicana, ¿verdad?

Yolanda – No, mi familia, principalmente, es de Guatemala y de El Salvador. Así que mis abuelas preparan platos tradicionales de sus países como "ropa vieja", pepián de pollo con verduras y arroz, y pupusas rellenas de muchos diferentes ingredientes.

Jaime – Las pupusas son como las arepas, ¿no?

Yolanda – A lo mejor.

Jaime – Mi familia es principalmente de Colombia y a mi abuela le encanta preparar arepas. Una vez fui a una pupusería salvadoreña y las pupusas me parecieron muy similares.

Patricia – Y las dos son muy parecidas a las gorditas mexicanas.

Pablo – Es como dijo Isa anoche, que los latinos y latinas somos una gente, pero diferentes al mismo tiempo.

Yolanda – Pues mucha gente piensa que, como soy latina, me encanta la comida picante. Pero no me gusta nada cuando la comida pica. Me duele la boca solo con pensarlo.

Patricia – Pues los estereotipos no sirven para nada. Mucha gente piensa que, como mi familia es mexicana, solo comemos tacos, enchiladas, tamales y chiles rellenos todos los días. Me encanta comer toda la comida tradicional de mi familia, pero la verdad es que cuando no estoy con ellos, a mí me encanta comer la comida típica de Estados Unidos.

Pablo – Como mi guisado de carne y vegetales y pan de maíz.

Patricia – Sí, exactamente, y aun así, tu guisado no es muy diferente de muchas sopas latinas, como el sancocho dominicano que Talía nos preparó aquella vez.

Pablo – Pues los padres de mi papá son de Costa Rica, pero mi otra abuela es de Italia y mi otro abuelo es de Estados Unidos. Creo que es por eso que yo como *pizza* o "*cheese*burguesas" de lunes a viernes.

Nicolás – "*Cheese*burguesa". Ja, ja, ja ¡Cuánto me encanta tu "*espanglish*", rey!

Yolanda – A mí también me gusta mucho la comida "americana". Es que no hay nada mejor que la "ropa vieja" de mi abuelita, pero, también me encanta una ensalada fresca grande con un buen aliño.

Nicolás – Mi familia es de muchas diferentes partes. Yo soy de Perú y viví allí por más de diez años, pero mis padres son de Nueva York...

Empleado – Señores y señoritas, su mesa ya está lista. Por aquí, por favor...

Alrededor de la mesa, los amigos continúan su conversación tanto sobre las tradiciones culinarias de sus respectivas familias como sobre sus comidas favoritas de los Estados Unidos. Cada quien tiene diferentes tradiciones familiares y diferentes gustos. Pronto la mesera se presenta.

Mesera – Buenos días, señores y señoritas. ¿Algo para tomar?

Yolanda – A mí me gustaría un café, por favor.

Mesera – ¿Regular o descafeinado?

Yolanda – Regular, porfis. Oh, y negro, sin azúcar.

Mesera – A la orden. ¿Y para Ud., señorita?

Patricia – ¿Tienen aguas frescas?

Mesera – Sí, tenemos agua de horchata, agua de Jamaica y agua de sandía.

Patricia – Quisiera un agua de Jamaica, por favor.

Mesera – ¿Y para Uds., señores?

Pablo – Yo quisiera un jugo grande de naranja, por favor.

Jaime – Para mí, un agua de horchata, porfa.

Mesera – A la orden. ¿Y para Ud., señor?

Nicolás – Alguna soda sin cafeína, por favor.

Mesera – ¿Desean algo más... quizá un entremés?

Pablo – Se me antojan unos totopos con frijoles. ¿Nos pudiera traer una orden para la mesa?

Mesera – Sí, ya vengo con las bebidas y se los traigo enseguida.

Jaime – Gracias.

Yolanda – Nicolás, ¿tomas una gaseosa con el desayuno?

Nicolás – No, es que pienso pedir algo de almuerzo.

Yolanda – ¿Sirven almuerzo aquí a toda hora?

Patricia – Sí, sirven todo el menú todo el día. ¿No es genial?

Yolanda – Sí, me parece muy bien.

Nicolás – ¿Saben cuál es mi refresco favorito?

Yolanda – ¿Cuál?

Nicolás – Es un refresco peruano. Es amarillo y sabe a chicle, de esos rosados clásicos.

Patricia – ¡Qué asco, chico!

Nicolás – Sí, lo sé, pero me gusta de todas formas. También tienen un refresco que sabe a manzana.

Mesera – Aquí tienen las bebidas. Café negro, sin azúcar para la señorita... y agua de Jamaica para la otra señorita. Agua de horchata para Ud., jugo de naranja para Ud., y la única gaseosa que tenemos sin cafeína para Ud.

Yolanda – Ud. también dice "gaseosa". ¿Es de Colombia?

Mesera – No, soy de aquí, pero mi padre es de Argentina y él me enseñó español. Bueno, ¿están todos listos para pedir?

Patricia – Quisiera los chilaquiles con una ración de frijoles negros.

Mesera – ¿Desea Ud. los chilaquiles con salsa roja o salsa verde?

Patricia – Con la roja, por favor.

Mesera – ¿Y para Ud., señorita?

Yolanda – Quisiera yo también probar los chilaquiles con frijol pinto.

Mesera – ¿Salsa roja o verde?

Yolanda – ¿Cuál pica menos?

Mesera – La verde casi no pica.

Yolanda – La verde pues. Gracias.

Mesera – A la orden. ¿Y para los señores?

Nicolás – Tengo una pregunta antes de pedir. ¿Cuál es la diferencia entre las empanadas "a la argentina" y las empanadas "a la colombiana"?

Mesera – Las argentinas se preparan con hojaldre de harina y se cocinan al horno. Las colombianas se preparan con masa de maíz y se fríen en aceite de oliva.

Nicolás – ¿Son muy grasosas las empanadas "a la colombiana"?

Mesera – Sí, son grasosas y **menos mal** porque, honestamente, las empanadas "a la colombiana" son para chupar<u>se</u> los dedos. <u>Le</u> puedo traer unas servilletas de papel extra.

Nicolás – Muy bien. Pues <u>me</u> apetecen las dos. ¿<u>Me</u> pudiera traer cuatro empanadas a la carta: dos "a la colombiana" de pollo y dos "a la argentina" de carne?

Mesera – ¿De carne molida o asada?

Nicolás – De carne molida, por favor.

Mesera – ¿Desea Ud. alguna salsa?

Nicolás – Sí, ¿qué tal... de chimichurri?

Mesera – A la orden. ¿Y para Ud., señor?

Jaime – Para mí, una orden de torrijas con jarabe de arándano y de fresa y una porción de tocino.

Pablo – A mí <u>me</u> apetecen los huevos rancheros con frijoles y arroz.

Mesera – ¿Con tortillas de maíz o de harina?

Pablo – De maíz.

Mesera – ¿Cómo <u>le</u> gustan los huevos, estrellados o revueltos?

Pablo – Estrellados, por favor.

Mesera – ¿Prefiere el chile verde con cerdo o el vegetariano?

Pablo – ¿Le pudiera echar salsa de tomatillo en lugar del chile verde?

Mesera – Sí, a la orden. ¿Les falta algo, señores y señoritas?

Yolanda – Sí, a mí me faltan los cubiertos con servilleta.

Nicolás – ¿Me da un popote para mi soda?

Mesera – Sí, vengo enseguida con un conjunto de cubiertos, un popote y el entremés de totopos con frijol para la mesa.

Pablo – Muchas gracias.

Los cinco amigos continúan su conversación sobre las muchas diferencias que hay entre las comidas tradicionales de sus respectivas familias y las diferencias lingüísticas que tienen para describir las mismas cosas: "popote, paja, pitillo", "gaseosa, refresco, soda", entre muchas otras diferencias. Mientras todos están hablando, la mesera les trae el aperitivo para la mesa, los cubiertos y servilleta para Yolanda, y una paja para Nicolás. Luego les trae el desayuno.

Mesera – A ver..., chilaquiles para las señoritas... empanadas a la carta para Ud.... huevos rancheros aquí... y torrijas aquí. ¿Les puedo traer algo más?

Jaime – Me parece bien, gracias.

Antes de empezar, Patricia ve que la mesera no le trajo el plato exacto que le pidió. Luego, Jaime ve que hay algo incorrecto en su plato también.

Patricia – Yoli, ¿te sirvió la mesera lo que le pediste?

Yolanda – Sí, le pedí los chilaquiles con salsa verde y una ración de frijoles pintos y me los sirvió así. ¿Por qué me preguntas? ¿Ella no te trajo lo que le pediste tú?

Patricia – Me parece que no. Creo que le pedí los chilaquiles con frijoles negros, pero me los sirvió con frijoles pintos.

Nicolás – Yo te escuché y definitivamente se los pediste con frijol negro. ¿Vas a devolvérselos a la cocina?

Patricia – No, voy a **morderme la lengua**. El cocinero debe de estar muy ocupado y no quiero armar un escándalo. Solo es que siempre nos traen exactamente lo que les pedimos.

Pablo – Bueno, *casi* siempre, ahora.

Patricia – ¿Les trajo a Uds. todo lo que le pidieron?

Pablo – A mí sí, y parece que a Nicolás también.

Jaime – A mí no, pero no hay problema.

Patricia – ¿Qué le pediste?

Jaime – Yo le pedí torrijas con una porción de tocino, pero me las sirvió con chorizo. Pero la verdad es que ahora se me antoja más el chorizo.

Patricia – Ah, menos mal, ¿eh? Bueno, ¡buen provecho, chicos!

Todos – ¡Provecho!

Cuando los cinco terminan de desayunar, viene la hora de pagar.

Pablo – Bueno, no sé de Uds., pero yo estoy muy lleno.

Nicolás – Sí, yo también estoy lleno.

Yolanda – Ahora veo por qué este es su restaurante favorito.

Patricia – Sí, todos siempre salimos muy satisfechos.

Mesera – ¿Qué tal están? ¿Todos satisfechos?

Pablo – Sí, gracias.

Mesera – ¿Desean Uds. algo más? ¿Tal vez una caja para llevar para las sobras, señorita?

Yolanda – Bueno, me gustaría llevármelas a casa, pero vamos directamente a la playa.

Mesera – ¿Desean una sola cuenta para todos o cuentas separadas?

Pablo – Una sola cuenta, por favor.

Mesera – A la orden. Aquí tienen.

Pablo – Gracias.

Yolanda – ¿Cómo que una sola cuenta, Pablo?

Pablo – Bueno, mis abuelos me dieron un poco de dinero por mi cumpleaños y como todos estamos celebrando mi cumpleaños juntos, yo los invito.

Patricia – ¡Qué generoso! Gracias.

Nicolás – Sí, amigo, mil gracias.

Yolanda – Bueno, acepto, pero yo <u>te</u> invito a cenar **un día de estos**,
¿vale?

Pablo – ¡Trato hecho, Yoli!

Jaime – Bueno, Pablo, yo doy la propina.

Patricia – Bueno, todos podemos contribuir a la propina.

Pablo – Vale, gracias.

Yolanda – ¿<u>Se le</u> paga a la mesera?

Pablo – No, <u>se</u> paga en la caja en el mostrador. Pues voy a pagar. Ya
vengo.

Pablo paga en el mostrador mientras los otros <u>se</u> levantan, <u>le</u> dan una buena propina a la mesera y salen del restaurante. Después de pagar la cuenta, Pablo sale y se reúne con los otros. Todos <u>se</u> suben al coche y <u>se</u> van para la playa.

Nuestra historia continuará...

Capítulo 16

Cartas y fútbol

Los cinco amigos llegan a la playa donde las chicas piensan pasarlo bien <u>descansando</u>, <u>tomando</u> el sol, <u>jugando</u> a las cartas y <u>haciendo</u> crucigramas. Los chicos piensan que tomar el sol es aburrido, así que piensan hacer otras actividades para divertirse. Afortunadamente, Nicolás siempre trae un balón de fútbol y un disco volador en el coche por si acaso.

Nuestra historia continúa...

Nicolás – ¡Qué bonita la playa!

Patricia – Y ¡qué bonito clima que nos toca!

Yolanda – Sí. Hace mucho sol y no hay ninguna nube en el cielo.

Nicolás – Tampoco hace viento, y qué bueno porque traigo mi disco volador y el viento siempre se lo lleva.

Jaime – ¿Dónde está tu amiga, reina?

Patricia – Talía ya está y dice que tiene un parasol morado y rosado así que debe ser fácil verlo.

Pablo – Allí está, cerca del puesto de salvavidas.

Patricia – Vamos pues.

Los chicos llevan todas sus cosas en dirección al parasol morado y rosado, en donde Talía debe estar. Cuando llegan, ven que hay una toalla en el suelo junto a una botella de agua y una baraja de cartas, pero Talía no está.

Patricia – Talía debe de estar en el baño. Vamos a poner las toallas aquí, que seguramente vuelve pronto.

Nicolás – Voy a poner mi toalla al lado de la toalla de Talía.

Patricia – Chico, tú vas a <u>estar divirtiéndote</u> con los chicos. Yoli y yo necesitamos estar más cerca de ella porque vamos a <u>estar jugando</u> a las cartas.

Nicolás – Vaaale.

Como todos menos Pablo ya llevan puestos sus trajes de baño, simplemente se quitan la ropa que llevan puesta, la meten en las mochilas, y se ponen la crema solar. Pablo va al baño para cambiarse de pantalones mientras Jaime y Nicolás se van para tirar el disco volador. Después de ponerse el traje de baño, Pablo regresa con las chicas, pone sus cortos en su mochila y se une a los otros dos chicos para tirar el disco. Las chicas se quedan con las toallas y luego llega Talía.

Talía – Hola, Patri. ¡Me encontraron!

Patricia – Hola, Talía. Te presento a mi amiga Yolanda.

Talía – Hola, Yolanda. ¡Mucho gusto!

Yolanda – Igualmente, Talía. Me puedes decir "Yoli", si quieres.

Talía – Muy bien, Yoli. ¿Cómo conoces a Patri?

Yolanda – Yo la conocí ayer en la fiesta de cumpleaños de Pablo.

Talía – Ah, entonces, eres tú la chica de la que Pablo me habló.

Yolanda – ¿Cómo? ¿Qué te dijo Pablo?

Talía – Pues Pablo me dijo ayer que conoció a una chica en la biblioteca de la universidad y que le gusta mucho.

Yolanda – Patri, ¿crees que soy yo la que le gusta?

Patricia – Pues sí, Yoli. ¿No es obvio? Te conoció el viernes por la noche y, en cuestión de minutos, te invitó a su fiesta de cumpleaños del día siguiente. Ni siquiera estuvo Talía anoche, pero sí que estuviste tú.

Talía – Yo quise estar, pero al final no pude ir.

Patricia – ¿Por qué no pudiste ir?

Talía – Es que tuve que trabajar hasta medianoche.

Patricia – ¿Y nadie pudo trabajar por ti?

Talía – No fue así. Es que fue parte de mi nota para una clase.

Yolanda – ¿Qué clase?

Talía – Soy estudiante de arte y de estudios africanos y anoche fui voluntaria para una exposición de arte afrolatino en el centro de eventos.

Yolanda – ¿Y terminó a medianoche?

Talía – No, terminó a las 10:00 de la noche, pero tuvimos que recoger, arreglar y limpiar todo antes de salir. Quise irme cuando la expo terminó, pero el director me dijo que no.

Patricia – Ah, qué lástima.
Talía – Sí, lo sé. Me perdí toda la fiesta.

Los chicos juegan al disco volador mientras las chicas toman el sol y hablan de sus clases y otras cosas. Después de una hora, Talía pregunta por los chicos.

Talía – ¿Dónde están los chicos?
Yolanda – Están allá tirando el disco volador. Allí están Nicolás y
          Jaime. No veo a Pablo entre la gente.
Patricia – Ay, no, veo que Nicolás ya se está quemando. ¿No se puso
          bloqueador solar en la espalda?
Yolanda – Sé que nosotras nos pusimos la crema, pero la verdad es
          que no vi a los chicos ponérsela. A lo mejor lo hicieron,
          pero quizá no lo hicieron bien.
Patricia – NICOLÁÁÁS, ¡ESTÁS QUEMÁNDOTE, CARIÑO!
Nicolás – ¿CÓMOOO? ¿QUÉ DIJISTEEE?
Patricia – ¡DIJE QUE TE ESTÁS QUEMAAANDOOO!

Nicolás no entiende bien lo que Patricia le está diciendo así que regresa al lugar donde están las chicas para ver qué está pasando.

Nicolás – Hola, Talía.
Talía – Hola, Nicolás.
Nicolás – Perdón, Patri. ¿Qué me estás diciendo?
Patricia – Te estás quemando, cariño. ¿No te pusiste crema solar?
Nicolás – Sí, me la puse.
Patricia – Pues no te pusiste lo suficiente. Te la pongo yo otra vez.
Nicolás – Me quemo fácilmente gracias a mis abuelos irlandeses.
Yolanda – ¿No son tus abuelos de España?
Nicolás – Los padres de mi mamá sí son de España, pero los padres
          de mi papá son de Irlanda. Es la razón por la que soy
          pelirrojo y tengo los ojos verdes... y esta piel tan blanca
          que se quema estando aquí bajo el sol por tan solo una
          hora, aun con bloqueador solar puesto.
Talía – Bueno, y yo con esta piel negra que nunca se quema gracias
          a mi familia afrodominicana.

Patricia – Menos mal, ¿eh?

Talía – Y, Nicolás, ¿dónde está Pablo?

Nicolás – A ver, ¿ves a Jaime, allí?

Talía – Sí.

Nicolás – En unos segundos, va a atrapar el disco volador... va corriendo... sigue corriendo... se derrapa y... lo atrapó. Ahora, para encontrar a Pablo, solo tenemos que mirar el disco. A ver..., Jaime se lo tira... lo estoy mirandooo... ya. Allí está Pablo. ¿Ya ven? Si encuentran a uno de nosotros, pueden seguir el disco para encontrarnos a todos.

Talía – ¡Aaay, guapo e inteligente!

Nicolás – Aah, bueno... Me toca a mí tirar el disco... Hasta luego, chicas. Y gracias, Patri, por ponerme la crema.

Patricia – Por nada, cariño. Hasta luego.

Yolanda – Ay, Talía, me hablas de las posibilidades entre Pablo y yo, pero yo quiero saber qué está pasando entre tú y Nicolás.

Talía – Bueno, creo que es muy guapo y muy inteligente... y tiene ese cuerpo de atleta..., pero no sé si yo le gusto a él.

Yolanda – Bueno, solo sé que cuando Patri lo invitó a venir a la playa con nosotras, lo primero que hizo fue preguntar por ti.

Talía – ¿De veras?

Yolanda – Sí. ¿No ves la manera cómo te mira? Yo no lo conozco muy bien, pero sí sé cómo son los chicos así y puedo decirte, honestamente, que tú le gustas.

Talía – Tal vez, pero no es tan **blanco y negro** con Nicolás. Creo que él es más complicado de lo que tú piensas, Yoli. Parece al principio como un atleta típico, de esos que levantan pesas y se visten de manera muy elegante, solo pensando en su físico. ¿Qué dices, tú, Patri? Tú lo conoces muy bien.

Patricia – Lo que les digo a las dos es que solo tienen que abrir los ojos. Yoli, en el restaurante esta mañana, tú invitaste a Pablo, muy suavemente, a salir a cenar contigo, y te dijo que sí de inmediato. ¿Qué otra prueba necesitas? Y, Talía, si Nicolás necesita más crema solar, si quieres, te la paso a ti y a él se la puedes poner tú. Ja, ja, ja.

Talía – ¡Patri!

Patricia – ¿Qué? Ya se la <u>puse</u> yo y no pasó nada.

Talía – Sí, pero tú eres una de sus mejores amigas y sabe que eres lesbiana y que no te gustan los chicos de esa manera.

Patricia – Y en eso vas a tener tu prueba. Así que si propones ponérsela tú y él te dice que sí... pues ya está.

Yolanda – También sé que es nadador y clavadista para el equipo de natación y clavadismo de la universidad... y según dice, no tiene ningún pelo en todo el cuerpo. Ja, ja, ja.

Talía – ¡Ay, chicas! Vamos a jugar a las cartas.

Mientras Patricia, Yolanda y Talía juegan a las cartas, Pablo, Nicolás y Jaime empiezan a sentir el viento un poco y ese empieza a llevarse el disco, <u>haciendo</u> tirarlo y atraparlo cada vez más difícil.

Jaime – Nicolás, ¿por qué no cambiamos el disco por tu pelota de fútbol? Va a ser más fácil patear la pelota que tirar bien el disco con este viento.

Nicolás – Está bien, pero tú tienes que hacerlo.

Jaime – ¿Por qué yo?

Nicolás – Porque Talía está y me pone nervioso. También puedes escuchar si están hablando de mí.

Jaime – Vaaale, está bien. Ya vengo.

Jaime va por el balón y ve que las chicas están jugando a las cartas. Cambia el disco por el balón y habla por un ratito con las chicas.

Patricia – Hola, Jaime. ¿Qué <u>estás haciendo</u>?

Jaime – Hola, chicas. <u>Estoy cambiando</u> el disco por la pelota de fútbol. Es que hace demasiado viento para jugar al disco ahora.

Patricia – Sí, y veo que el viento <u>está trayendo</u> unas nubes muy oscuras.

Yolanda – Sí, a ver si tenemos una hora más sin lluvia.

Jaime – Casi nunca llueve aquí, y normalmente es un problema porque todo está muy seco.

Patricia – Lo sé, pero ¿por qué tiene que llover hoy, de todos los días posibles?

Jaime – Sí, nos tocó mala suerte. Bueno, quizá tenemos una hora más para divertirnos, como dice Yoli. ¿Qué están haciendo Uds.?

Talía – Yo traje una baraja de cartas y estoy enseñándoles a Patri y a Yoli un nuevo juego.

Jaime – Ah, muy bien. Pues voy a jugar un poco más con los chicos y ya nos vemos pronto.

Patricia – Hasta luego, rey.

Jaime regresa con Pablo y Nicolás, pateando el balón de fútbol por mientras. Nicolás quiere saber de qué están hablando las chicas.

Nicolás – Jaime, ¿qué te dijeron?

Jaime – Me dijeron que están jugando a las cartas porque Talía trajo una baraja.

Nicolás – ¿Y...?

Jaime – Y... que piensan que va a llover pronto.

Nicolás – ¿Y Talía no dijo nada sobre mí?

Jaime – Ni una sola palabra.

Nicolás – Es lo que pensé. Es demasiado guapa para un tío como yo.

Pablo – ¡Basta ya! ¿Qué estás diciendo? ¿Ella es demasiado guapa para un tío igual de guapo con un cuerpazo de atleta, también muy inteligente y divertido? ¡Ánimo, hombre!

Jaime – A ver, Nicolás, ¿qué tal si, en lugar de patear la pelota de fútbol entre los tres, invitamos a las chicas a participar?

Pablo – Sí. Así puedes jugar en el equipo de Talía para tener una oportunidad de hablarle un poco más.

Jaime – Mejor, tú y ella en diferentes equipos y puedes jugar contra ella. Y tú, Pablo, contra Yoli.

Nicolás – ¿Chicos contra chicas? Las vamos a vencer sin problema.

Pablo – Jaime, tú tienes que preguntarles, porque si Nicolás o yo les preguntamos, ellas van a saber que nos gustan.

Jaime – Vale, niños, como soy el único adulto, con pelo en el pecho, yo se lo pregunto.

Nicolás – Ándale pues.

Jaime regresa con las chicas para invitarlas a jugar al fútbol.

Patricia – Hola, Jaime. Tanto tiempo sin verte.

Jaime – Sí. Pues resulta que es mejor jugar al fútbol con dos equipos
que con tan solo tres jugadores. Así que <u>vine</u> a invitarlas a
jugar con nosotros: Uds. en un equipo y nosotros en el otro.
¿Qué les parece?

Yolanda – ¿Chicas contra chicos? Los vamos a vencer sin problema.

Jaime – ¡Estupendo! Me parece que Uds. van a ser un buen desafío.

Talía – Vamos, chicas, rápido. Nos queda poco tiempo para jugar.

Nuestra historia continuará...

Capítulo 17

Chicas contra chicos

Los amigos lo están pasando muy bien en la playa, pero está haciendo viento y las nubes de lluvia se acercan. Los chicos retan a las chicas a un partido de fútbol. El primer equipo en meter tres goles va a ser el campeón, pero no hay ningún trofeo para ganar.

Nuestra historia continúa...

Yolanda – ¿Chicas contra chicos? Los vamos a vencer sin problema.
Jaime – ¡Estupendo! Me parece que Uds. van a ser un buen desafío.
Talía – Vamos, chicas, rápido. Nos queda poco tiempo para jugar.

Las chicas se levantan y se llevan cuatro botellas de agua. Dibujan un campo pequeño en la arena con los pies. Luego, como porterías, meten dos botellas en la arena en un lado del campo y dos en el otro lado.

Pablo – Chicas, ¿necesitan calentarse... o estirarse un poco...?
Yolanda – Qué chistoso, rey. Estamos listas para ganar.
Nicolás – Ah, ¿sí? ¿Uds. nos lo van a ganar a nosotros? No lo creo.
Yolanda – ¿Apostamos?
Nicolás – Sí, ¿verdad, chicos?
Pablo – Sí, ¿qué tal si las perdedoras tienen que comprar los cafés para los ganadores después del partido?
Talía – Quieres decir que *los perdedores* tienen que comprar los cafés para *las ganadoras* después, ¿verdad?
Nicolás – Vamos a ver.
Patricia – Las botellas de agua son las porterías y si la pelota pega una botella, es un tanto.
Jaime – Como vemos que no tenemos mucho tiempo gracias a aquellas nubes de lluvia que vienen, el primer equipo en meter tres goles es el campeón.
Yolanda – Y el premio son unos cafecitos calientitos.

Nicolás – Y como los chicos vamos a ganar, las chicas pueden
        empezar con la pelota.

Nicolás le pasa el balón a Yolanda y Yolanda empieza a patearlo. Pablo marca a Yolanda y Nicolás marca a Talía, tal y como fue el plan, y eso significa que Jaime va a marcar a Patricia. Yolanda va al ataque y avanza rápidamente y **en un dos por tres**, Yolanda mete el primer gol, sin pasar el balón ni una vez y grita mientras corre alrededor de Pablo en un círculo.

Yolanda – ¡Goooooooooooooool!
Nicolás – Pablo, no tienes que permitirle meter el gol solo por ser
        chica.
Yolanda – ¡Permitir nada! No es mi problema si Pablo no sabe jugar.
Pablo – Es que no queríamos ganar tres a cero. Queríamos un
        partido un poco más interesante.
Talía – Ay, por dios. Creo que Pablo tiene fiebre o algo. ¿Te sientes
        bien, rey? ¿Llamamos a un médico?
Yolanda – Sí, a un siquiatra, mejor. Quizá necesitas un poco de agua.

Mientras las chicas bromean con los chicos y viceversa, Nicolás y Jaime van al ataque con las chicas en defensa. Nicolás le pasa el balón a Jaime y él lo adelanta pateándolo fácilmente alrededor de Patricia, quien no es muy futbolista, y se lo devuelve a Nicolás. Nicolás lo avanza y lo tira...

Nicolás – ¡Goooooooooooooooooooooooooool!
Patricia – Tiro suertudo.
Nicolás – No tiene nada que ver con la suerte.
Pablo – Estamos empatados, uno a uno. Vamos.

Talía avanza la pelota contra Nicolás. Se lo pasa a Yolanda, pero Nicolás lo roba y se lo pasa a Pablo, quien ya estaba corriendo, anticipando el robo. Pablo lo avanza y lo tira. El balón pega la portería y Pablo grita...

Pablo – ¡Goooooooooooooooooooooooooooooool!

Yolanda – ¡Penalti! Ese tanto no se cuenta.

Nicolás – Yolanda, no se permite hacer berrinches en el fútbol de playa.

Yolanda – No hago ningún berrinche. Pablo cometió una falta. Pablo tiene su primera tarjeta amarilla.

Pablo – ¡Mentira! No tienes que quejarte. No es la copa mundial. Es solo un juego.

Yolanda – No es "solo un juego"; es el campeonato para determinar quiénes son los más chéveres: los chicos o las chicas.

Jaime – Bueno, por ahora, los chicos somos más chéveres: dos a uno.

Patricia – Es que no queríamos ganar tres a cero. Queríamos un partido un poco más interesante, ¿eh, Pablo?

Nicolás – Vamos. Menos hablar, más jugar.

Al ataque, Patricia adelanta el balón contra Jaime y se lo pasa a Talía. Talía avanza contra Nicolás y se lo pasa a Yolanda. Yolanda avanza contra Pablo y luego finge que se lastimó la rodilla. Cuando Pablo baja sus defensas para ver si ella está bien, Yolanda patea el balón al aire en dirección a Talía, quien estaba corriendo rápidamente en dirección a la meta. Talía salta y le da al balón con la cabeza y lo mete. Nicolás, se pone de rodillas, vencido y chilla...

Nicolás – ¡Noooooooooooooooooooo!

Patricia – ¡Buen cabezazo, Talía! Ahora sabemos quién es la más chévere.

Pablo – Yoli, ¡qué traviesa eres! Yo pensé que te dolía la rodilla de verdad.

Yolanda – Pues no debes nunca bajar tus defensas contra tu rival.

Pablo – Lo voy a recordar.

Yolanda – A ver, chicos. Después de perder, no deben llorar, ¿vale?

Pablo – Las únicas que van a estar llorando son Uds.

Pablo adelanta el balón contra Yolanda y se lo pasa a Jaime. Jaime avanza, pero Patricia lo roba. Lo tira, pero se va fuera de juego.

Nicolás – Salió.
Talía – **Por puros golpes de suerte**, guapo.

Nicolás adelanta el balón y se lo pasa a Pablo. Pablo lo avanza contra Yolanda, pero ella se lo roba. Justo en ese momento el salvavidas de la playa grita que todos tienen que irse porque tienen que cerrar la playa por la tormenta eléctrica que viene.

Yolanda – ¡No me digas! Yo iba a meter el gol ganador.
Pablo – Lo siento, Yoli. Pues tienes que ser más rápida.
Nicolás – ¡Empatamos! No puede ser.
Talía – Qué triste, guapo. Ahora no puedes invitarme a un cafecito.
Nicolás – ¿En serio?
Talía – Nah, estoy bromeando. Siempre puedes invitarme a un
      cafecito.
Jaime – Eso es. Nicolás quería perder para tener una excusa para
      invitarte a salir.
Nicolás – Jaime, no puedes revelar todos mis secretos.
Patricia – Vamos, chicos, está empezando a llover.
Pablo – Patri, trajiste un parasol, pero, **al fin y al cabo**,
      necesitábamos un paraguas.
Talía – Pensaba que casi nunca llovía en San Diego, mucho menos
      que había tormentas eléctricas.
Jaime – Y en noviembre también. Las pocas veces que nos toca una
      tormenta eléctrica normalmente son en el verano, como
      junio o julio. Yo soy de aquí y creo que esta es la primera vez
      que veo clima así.
Patricia – Bueno, con el cambio climático, vamos a ver muchas
      primeras veces, creo. Nicolás, ¿**me echas una mano**?
Nicolás – Claro.
Patricia – ¿Recoges nuestras botellas de agua que usamos como
      porterías?
Nicolás – Por supuesto.

Los seis amigos recogen todas sus cosas rápidamente, se ponen las chanclas y corren al coche de Nicolás, cada quien con su toalla sobre sus hombros. Bajo la lluvia, Nicolás invita a todos a ir a un café para tomar algo y platicar, aunque nadie ganó el partido. Todos piensan que es una buena idea. El único problema es que a Nicolás le gustaría ir con Talía, pero él tiene que manejar y ella también, ya que no hay bastante espacio en ninguno de los dos coches para seis personas. Viendo el dilema, Patricia recomienda "chicas y chicos" como manera de separarse.

Nicolás – ¿Qué les parece si vamos al café cerca de mi casa para tomar algo y platicar? Sé que nadie ganó el partido, pero yo invito a todos.

Patricia – ¡Qué generoso, chico!

Talía – Sí, gracias. Me parece perfecto.

Jaime – Vamos pues, que no quiero quedarme bajo la lluvia. Estoy sintiendo un poco de frío.

Patricia – Sí, cariño, no trajiste tu nueva chamarra ya que hacía sol y calor cuando salimos de casa esta mañana. Bueno, chicos, Nicolás tiene que manejar y Talía también. ¿Qué tal si las chicas vamos juntas con Talía y los chicos van juntos con Nicolás?

Pablo – Vale, vamos. Nos vemos allí.

Nuestra historia continuará...

Capítulo 18

Historia profunda

Saliendo de la playa, Nicolás lleva a Jaime y a Pablo en el coche de su abuelo mientras Talía lleva a Yolanda y a Patricia en el suyo. Van al café que queda cerca de la casa de Nicolás. Cuando llegan, los chicos se secan el pelo un poco con sus toallas y se ponen las camisetas que llevaban en el restaurante antes de ir a la playa. Como Pablo llevaba pantalones cortos en el restaurante y tenía que cambiárselos en el baño de la playa, ahora tiene que cambiarse de nuevo, pero no quiere hacerlo en el baño del café.

Nuestra historia continúa...

Pablo – Chicos, voy a cambiarme de pantalones aquí atrás.
Nicolás – Uuuh, qué escandaloso.
Pablo – Tranquilo, voy a hacerlo debajo de mi toalla.
Nicolás – Pues rápido, Picasso, que las chicas están viniendo y no sé si ahora es el momento de darles una exposición de tu arte.
Pablo – Muy chistoso, hombre. Solo necesito cinco segundos.

Pablo se cambia de pantalones en el coche, se pone sus calcetines blancos y sus chanclas y los tres chicos se bajan del coche. Las chicas llegan y se bajan del coche de Talía. Todos entran juntos en el sitio. Nicolás invita a todos a un cafecito; todos le piden sus bebidas preferidas al cajero y Nicolás paga la cuenta. Después, los seis recogen sus bebidas y encuentran una mesa desocupada.

Talía – Nicolás, debes de ser muy adinerado si nos invitas a todos a un café. Es muy caro. ¿Dónde trabajas?
Nicolás – No trabajo, solo soy estudiante y atleta.
Talía – Entonces, ¿cómo puedes pagar seis cafés sin preocuparte?
Patricia – Este chico es un enigma. Tan pronto como piensas que lo conoces bien, te da una sorpresa.

Pablo – Talía, es que él se gana la vida apostando profesionalmente en los deportes.

Talía – ¿Cómo crees? ¿En serio?

Nicolás – Nah, Pablo es muy bromista. Es que mis padres piensan que es mejor no preocuparse de trabajar a mi edad. Dicen que mi trabajo es tener éxito en mis clases y en mis deportes.

Talía – Pero, tener éxito en tus clases no te da dinero, ¿o sí?

Nicolás – No, es que, por sobresalir en los deportes en la preparatoria y sacar notas perfectas, entre otras actividades extracurriculares que hice, gané unas becas académicas y atléticas así que mis padres no tienen que pagar ni un centavo por mi matrícula ni libros ni nada. Por eso, mis padres me dan un poco de dinero cada mes.

Patricia – Bueno, yo no siempre sacaba buenas notas y por eso tengo que trabajar para pagar la matrícula y renta y todo.

Yolanda – Pero... tienes ayuda financiera estudiantil, ¿no?

Patricia – Sí, pero no paga todo. Gracias a mis abuelos, la renta de la casa no cuesta mucho.

Yolanda – ¿Y tus padres no te pueden ayudar un poco?

Patricia – Bueno, mis padres murieron cuando yo era niña.

Talía – A poco. No lo sabía.

Yolanda – Lo siento, mucho.

Patricia – Gracias, pero está bien.

Talía – No tenemos que hablar de esto, especialmente en un sitio público como este.

Patricia – No, está bien. No me molesta, la verdad. Pasó hace muchos años y gracias a mi terapia con una buena psicóloga y la ayuda de varios maestros y consejeros muy simpáticos en la escuela secundaria y la preparatoria, pude salir adelante. También, si les cuento la historia en un lugar público, voy a tener menos ganas de llorar.

Talía – ¿Cuántos años tenías?

Patricia – Tenía nueve años. Fue seis días antes de mi décimo cumpleaños.

Yolanda – ¿Cómo se murieron?

Jaime – Reina, no tienes que hablar de esto.

Patricia – Gracias, cariño, pero, de verdad, está bien.

Jaime, Nicolás y Pablo, sabiendo ya toda la historia, abrazan a Patricia y le dicen que la aman. Ella puede sentir el amor que todos le dan. Patricia continúa contando su historia.

Patricia – Murieron en un accidente automovilístico el primero de enero. Como todos los días, mi papá tenía que trabajar a las 5:00 de la mañana aquel Año Nuevo y él llevaba a mi mamá al trabajo de ella, como él solía hacer de vez en cuando. Mi papá manejaba su carro bien, pero el hombre que manejaba el otro carro estaba tomando alcohol, todavía celebrando la Nochevieja y no veía el carro de mis padres.

Yolanda le da la mano a Patricia. Ella se siente incómoda, al igual que los otros, porque no sabe exactamente qué decir, pero no quiere cambiar de conversación. Puede ver que es demasiado importante para Patricia y que Patricia desea compartirles la historia de sus padres. Yolanda reconoce el momento y la oportunidad que les da a todos de conocerse mejor los unos a los otros.

Yolanda – Veo que todavía los amas mucho. ¿A qué se dedicaban?

Patricia – Mi madre era costurera, al igual que mi abuela, mi bisabuela y mi tatarabuela. Ella era la dueña de su pequeña empresa y le encantaba su trabajo. La empresa hacía vestidos de novia para bodas. Mi mamá era muy tradicional y recuerdo que siempre me decía que no había un día más feliz que el día de la boda y, con su trabajo, ella solo quería hacer a la gente feliz.

Yolanda – ¡Qué bonito! ¿Y tu papá? ¿En qué trabajaba?

Patricia – Mi papá trabajaba en los campos al norte de aquí. Era el jefe, pero tenía mucha experiencia de obrero porque trabajaba de niño en los mismos campos con su papá y con su abuelo.

Yolanda – Parece que tus padres fueron muy trabajadores.

Patricia – Sí, mis padres siempre hablaban de la dignidad de trabajar. No trabajaban solo por dinero, sino también por amor. Mi mamá no tenía que <u>levantarse</u> muy temprano, pero <u>le gustaba despertarse</u> con mi papá para hacer toda su rutina de la mañana junto a él, y como él tenía que <u>levantarse</u> bien temprano, ella también <u>se levantaba</u> muy temprano.

Talía – ¿Qué más recuerdas sobre ellos?

Patricia – Recuerdo que mi mamá siempre <u>le preparaba</u> un termo de café cada mañana porque sabía que mi papá necesitaba bastante para todo el día. También <u>le preparaba</u> tamales o burritos caseros para el almuerzo y, sabiendo que mi papá era demasiado generoso y que iba a regalar su comida o <u>compartirla</u> con los obreros que no siempre tenían suficiente comida, mi mamá siempre <u>le daba</u> a mi papá unos cuantos tamales o burritos extras.

Talía – Parece que tus papás <u>se amaban</u> el uno <u>al</u> otro así como en las películas o novelas.

Patricia – Sí. Cuando <u>se despedían</u> el uno del otro en la mañana, siempre <u>se besaban</u> como unos adolescentes besando por primera vez. Mi papá era muy romántico así, y a veces <u>le regalaba</u> flores a mi mamá solo porque sí. No tenía que ser el Día de la Madre o el Día de los Enamorados. Podía ser simplemente un martes. Mi mamá odiaba <u>despedirse</u> de él en la mañana así que, de vez en cuando, se iba temprano con él y él <u>la llevaba</u> en su coche al trabajo de ella antes de ir al campo. Ella solo quería tener unos minutos más con él en la mañana antes de tener que <u>despedirse</u>. Y resulta que aquella mañana del accidente fue una de aquellas veces.

Talía – Y entonces, ¿quiénes cuidaban de ti después del accidente?

Patricia – Mis abuelos cuidaban de mí. Crecí con ellos en la misma casa en la que vivo hoy en día.

Yolanda – ¿Fuiste al funeral?

Patricia – No, mis abuelos no quisieron tener un funeral tradicional así que dieron una fiesta para celebrar las vidas de mis papás, así como la celebración del Día de los Muertos. Bueno, basta con mi historia. ¿Alguien tiene alguna historia familiar un poco más alegre? Talía, no sabemos mucho de tu familia.

Talía – Bueno, mis abuelos nacieron en la República Dominicana y vinieron con mis bisabuelos a los Estados Unidos cuando eran niños. Vivían en Los Altos de Washington, un vecindario de Nueva York, y es donde mis papás nacieron y se conocieron el uno al otro.

Pablo – Ah, sí. ¿No es donde tiene lugar esa obra de teatro?

Talía – Sí, exactamente, y es donde nací yo.

Jaime – ¿Todavía están vivos tus abuelos?

Talía – El padre de mi papi está muerto y la madre de mi mami también está muerta, pero mis otros dos abuelos están vivos.

Patricia – ¿Conocías muy bien a la madre de tu mamá?

Talía – Sí, era mi mejor amiga cuando yo era niñita.

Pablo – ¿Cuál es tu recuerdo favorito de ella?

Talía – Bueno, una vez, cuando yo tenía como seis o siete años, le pregunté a mi abuelita si yo era negra o dominicana.

Pablo – Uff, ¡qué pregunta! A los seis años, yo les hacía a mis abuelos preguntas un poco menos profundas, como qué regalos me iban a dar para la Navidad.

Patricia – Bueno, ¿y qué te dijo tu abuela?

Talía – Recuerdo que mi abuelita me dijo, "Amor, eres negra, eres dominicana, eres latina y eres humana. Pero más que nada, tienes que siempre recordar que eres Talía, **la niña de mis ojos** y nadie puede decirte que no.

Yolanda – Eso es realmente bonito, Talía.

Talía – Sí, ¿no? Yo la amaba tanto. Ella se murió cuando yo tenía siete años así que esa es una de mis últimas memorias de ella. Bueno, Patri me escogió a mí y ahora me toca a mí escoger a... Nicolás. A ver..., ¿cuál es la cosa más profunda que jamás te dijo tu abuelo o abuela?

Nicolás – A ver, no sé si tengo una historia profunda, pero
recuerdo que cuando yo tenía seis años, mi abuelo, o sea
el padre de mi mamá, siempre <u>me decía</u>, "Nicolás, eres
consentido y perezoso. ¿Por qué no ayudas <u>a</u> tu mamá?".
Y era la verdad. Yo era muy consentido y perezoso.
Patricia – No, cariño. Eres muy trabajador y generoso.
Nicolás – Gracias, reina, pero de niño, yo no era así.
Jaime – Los empleados aquí están empezando a limpiar y a arreglar.
¿Alguien sabe qué hora es? Creo que mi teléfono se quedó
en una de nuestras mochilas en el carro.

Nuestra historia continuará...

Capítulo 19

El fin del finde

Los seis amigos se están divirtiendo, acabando con sus bebidas en el café cerca de la casa de Nicolás. Patricia, Talía y Nicolás compartieron unas historias personales de sus familias y ahora todos sienten que se conocen un poco mejor. Entre la conversación, Jaime se da cuenta de que es hora de salir porque el café va a cerrar.

Nuestra historia continúa...

Jaime – Los empleados aquí están empezando a limpiar y a arreglar. ¿Alguien sabe qué hora es? Creo que mi teléfono se quedó en una de nuestras mochilas en el carro.

Talía – Son las 2:55. ¿A qué hora cierran aquí?

Nicolás – Cierran a las 3:00 los domingos.

Pablo – Bueno, no sé qué planes tienen Uds., pero Nicolás tiene que llevarnos a nuestra casa y allí podemos bañarnos y vestirnos y todo. Talía, <u>ven</u> con nosotros, ¿eh?

Talía – Vale, pero no puedo quedarme hasta muy tarde porque tengo que levantarme temprano mañana. ¿A qué horas tienen clases mañana?

Yolanda – Yo tengo clase a las 9:00.

Talía – Yo también tengo que llegar a las 9:00.

Pablo – Mi primera clase empieza a las 8:00. Odio levantarme muy temprano.

Nicolás – <u>No te quejes</u>, Picasso. Yo tengo que estar en la alberca de la universidad listo con bañador puesto a las 6:30.

Talía – ¿Entrenas a las 6:30 de la mañana?

Nicolás – Sí, y a las 3:00 de la tarde, también.

Talía – ¿Tienes ese horario todo el año?

Nicolás – No, todo depende de si tenemos una competencia el fin de semana siguiente o no. Y solo durante la temporada de natación y clavadismo.

Talía – ¿Y cuándo es la temporada?

Nicolás – Generalmente empezamos a entrenar a finales de agosto y la primera competencia es en octubre y los campeonatos son en marzo, pero no competimos cada fin de semana.

Talía – Me gustaría verte competir. ¿Puedo ir algún día para animarte?

Nicolás – Claro que sí.

Talía – Pues dame tu horario, ¿vale?

Patricia – Y Nicolás no solamente nada; también hace clavados.

Talía – ¡No me digas! ¿Tienes miedo cuando estás muy alto en la plataforma o tablero?

Jaime – Vamos, chicos. Son las 3:00 y ellos quieren cerrar. Podemos continuar la conversación en casa.

Patricia – Sí, vamos.

Los seis salen del café y se suben a los coches y se van para la casa de Pablo, Patricia y Jaime para continuar conversando. Los dos coches llegan más o menos al mismo tiempo y todos entran juntos. Cuando Patricia abre la puerta delantera, Leopoldo los saluda.

Leopoldo – Prrrrrrrrrrrrrrr

Patricia – Hola, cariño. ¿Nos extrañabas? Sí, ¿no? Ven. ¿Tienes hambre? ¿Quieres comer?

Leopoldo – Prrrrrrrrrrrrrrr

Patricia – Sí, tienes mucha hambre. A ver, aquí tienes. Come.

Patricia le da de comer a Leopoldo mientras los otros chicos se instalan. Pablo y Nicolás se duchan primero, Pablo en el segundo piso y Nicolás en el sótano, y las chicas los esperan en el comedor.

Pablo – Nicolás, voy a ducharme escaleras arriba, pero dúchate tú en el sótano si tienes ganas.

Nicolás – Gracias, Picasso. Creo que sí me voy a duchar. Talía, voy a ducharme abajo en el sótano. Espérame y luego hablamos de mis competencias.

Talía – Vale. Toma tu tiempo, guapo.

Mientras Pablo y Nicolás se duchan, Jaime y Patricia empiezan a preparar unas botanas para el grupo. Resulta que no comieron los aperitivos que Pablo y Yolanda compraron para la fiesta de cumpleaños. También sobraba un poco de pastel y pan de calabacín.

Patricia – Sé que Leopoldo tenía mucha hambre cuando volvimos, pero ¿qué tal Uds.? ¿Están hambrientos?

Talía – Yo puedo picar algo.

Yolanda – Sí, yo también estoy un poco hambrienta.

Patricia – Perfecto. ¿Jaime?

Jaime – Dime.

Patricia – ¿Me ayudas, porfis?

Jaime – Sí, señorita. Estoy a tus órdenes.

Patricia – Bueno, prende el horno a trescientos cincuenta grados *Fahrenheit*.

Jaime – Hecho.

Patricia – Saca las empanadillas del refri. Las vamos a calentar al horno. Oh, y también, saca el guacamole, el queso blanco y los frijoles del viernes.

Jaime – Aquí tienes.

Patricia – Gracias. Ahora, agarra los totopos.

Jaime – ¿Dónde están?

Patricia – Están en la bolsa de plástico, encima del refri.

Jaime – Ya está. ¿Qué más?

Patricia – Bueno, pon los totopos y guacamole en la mesa y yo voy a calentar los frijoles en el microondas.

Yolanda – Patri, ¿te ayudo en algo?

Patricia – Gracias, pero Jaime y yo **tenemos la sartén por el mango**. Siéntate a la mesa. Ya vienen los chicos.

Nicolás – ¿Qué hay de comer?

Yolanda – Nicolás, ¿camisa de manga larga con botones, pantalones caqui?... ¿De dónde sacas toda tu ropa? ¿Tienes tu propio guardarropa secreto aquí o qué?

Nicolás – Nah, es la ropa que llevaba aquí hace unos fines de semana. Pablo me la lavó con la ropa suya y estaba aquí esperándome en el lavadero desde entonces.

Yolanda – Pablo, ¿lavas la ropa de Nicolás?

Pablo – Sí, es que a veces lavo <u>la suya</u> cuando lavo <u>la mía</u>, para ahorrar agua. ¿Por qué me preguntas todo eso?

Yolanda – Nada, es que Patri dijo que tan pronto como piensas que conoces a Nicolás, te da una sorpresa, y creo que ella tiene toda la razón.

Jaime – Yoli, sé que eres la nueva del grupo, pero **tarde o temprano** vas a darte cuenta de que Patri SIEMPRE tiene la razón.

Patricia – **Más sabe el diablo por viejo que por diablo.**

Yolanda – Lo voy a recordar.

Patricia – Las botanas ya están listas: totopos, guacamole, frijoles negros con queso blanco fundido y empanadillas.

Jaime – Pablo, <u>ve</u> por los platillos, porfa.

Pablo – Vale, ¿quieren tenedores o prefieren picar con los dedos?

Jaime – Creo que podemos nomás picar con los dedos, pero <u>trae</u> una cuchara para el guacamole y otra para los frijoles.

Talía, Yolanda, Jaime y Nicolás se sientan en la mesa y Pablo lleva seis platillos y un par de cucharas a la mesa. Luego, Patricia les sirve unas empanadillas y les dice que deben tener cuidado porque los frijoles están muy calientes.

Patricia – Cuidado, chicos, que los frijoles están muy calientes.

Nicolás – Gracias, reina.

Patricia – De nada, cariño. Provecho, ¿eh?

Todos – Buen provecho.

Talía – Mmmm, estas empanadillas están riquísimas, Patri. ¿Las hiciste a mano?

Patricia – No, Pablo y Yoli las compraron ayer para la fiesta, pero ya teníamos bastante comida anoche sin ellas.

Talía – ¿Dónde las compraron, Pablo?

Pablo – Las compramos con los totopos en una tortillería que no queda muy lejos de aquí.

Yolanda – No es solamente una tortillería. Venden otras cosas, como comidas enlatadas, dulces y refrescos.

Talía – Ah, Uds. están hablando de la tienda de abarrotes mexicanos a la vuelta de aquí, al lado de la farmacia. ¿No es esa?

Pablo – Sí, es esa.

Talía – Ah, me encanta esa tienda. Yo no sabía que tenían empanadillas. Las voy a buscar la próxima vez.

Yolanda – Talía, esta mañana antes de reunirnos contigo en la playa, fuimos a un restaurante mexicano y hablamos de algunos de los platos principales familiares que nuestros papás o abuelos siempre preparaban cuando nosotros éramos niños. ¿Hay algún plato favorito tuyo de la República Dominicana?

Talía – Buena pregunta. Yo iba a comentar que Uds. dicen "frijoles" a lo que mis abuelos decían "habichuelas".

Yolanda – ¿En serio?

Talía – Y los "frijoles" nuestros son verdes, como dicen a las habichuelas por aquí.

Patricia – También la gente les dice "ejotes" o "judías" verdes.

Talía – Qué interesante. Pues para contestar tu pregunta, Yoli, cuando yo era niña, comíamos "habichuelas guisadas" casi todos los días. Mis abuelas las preparaban con ajo, cebolla y diferentes especias y normalmente las comíamos con arroz, y a veces con pollo, también.

Nicolás – Volviendo al tema de mis competencias...

Talía – Ah, sí, te pregunté si tenías miedo cuando estabas alto en las plataformas.

Nicolás – Ah, no me refería a eso; me refería a tu pregunta de si podías ir a verme competir. Y, para contestar tu pregunta, sí, siempre tengo miedo. El miedo me hace tener más cuidado.

Talía – Pues ¿cuándo es tu próxima competencia aquí?

Nicolás – No lo sé. Tengo que checar mi horario, pero sí sé que el próximo sábado, tengo una competencia en la Universidad de California en Santa Bárbara.

Pablo – ¿A cuánto tiempo queda de aquí manejando?

Nicolás – Creo que queda como a tres o cuatro horas, dependiendo del tráfico. ¿Por qué?

Pablo – Pues estoy pensando que quizá todos podemos ir en carro a verte competir. ¿Qué les parece a Uds.?

Talía – ¡A mí me parece una idea fantástica!

Yolanda – A mí también.

Pablo – Jaime, ¿qué piensas?

Jaime – Yo voy si Patri va.

Pablo – ¿Patri?

Patricia – Bueno, tengo muchas ganas de ir, pero no sé si puedo. Mañana, mi jefe me va a dar mi horario para toda la semana. Si no tengo que trabajar, pues seguramente voy.

Pablo – Nicolás, ¿puedes manejar?

Nicolás – No, los atletas tenemos que ir en autobús con el equipo, pero puedo preguntarle a mi abuelo, a ver si tú puedes manejar su coche, Pablo.

Yolanda – Nicolás, no te preocupes de preguntarle. Podemos manejar el carro mío. Hay suficiente espacio para cuatro pasajeros. El único problema es que, si los cinco vamos, los tres de atrás van a tener que pelearse por los asientos junto a las ventanillas. Que a nadie le gusta el centro.

Pablo – ¡Genial! Pues, Patri, mañana nos dices si tú vas con nosotros.

Talía – ¡Qué diversión! ¿A qué hora empieza tu competencia?

Nicolás – Va a empezar a las 9:00 de la mañana, pero hay que llegar como a las 8:30 para encontrar un buen asiento.

Jaime – ¿Tienes que ir en autobús el sábado por la mañana o el viernes por la noche?

Nicolás – Salimos el viernes como a las 5:00 de la tarde o algo así.

Patricia – Y se quedan en un hotel, ¿verdad?

Nicolás – Sí, normalmente somos dos personas por habitación doble, pero a veces somos tres en una habitación triple.

Pablo – Pues si el hotel tiene habitaciones triples, podemos reservar una triple y una doble para los cinco.

Nicolás – Bueno, yo puedo quedarme con Uds., pero voy a necesitar acostarme antes de la medianoche.

Pablo – Claro que sí. No vamos a dar una gran "pachanga", como dice Patri. Ja, ja, ja.

Nicolás – Pues, de todas maneras, voy a tener que ir con el equipo en el bus, pero puedo cenar y quedarme con Uds.

Talía – ¡Qué emoción!

Yolanda – Así que podemos traer toda nuestra ropa y todo aquí el próximo viernes por la tarde y podemos compartir maletas.

Nicolás – Si Uds. traen sus credenciales de la universidad, te dan un descuento.

Yolanda – Qué bien. *Okay*, ¿qué más necesitamos empacar?

Pablo – A ver, solo las necesidades porque no vamos a tener mucho espacio en el carro. Así que traemos ropa para el sábado, nuestros cepillos de dientes, y otros productos higiénicos, pero no vamos a necesitar traer nada de champú ni jabón, porque el hotel nos los va a dar. Oh, y nuestros carnets de la universidad y ya.

Talía – Bueno, yo tengo que despedirme porque tengo mucha tarea que hacer para mañana, pero vamos a estar en contacto durante la semana para planear los últimos detalles.

Nicolás – Talía, espérame; que yo te acompaño a tu coche.

Talía se despide del grupo y Nicolás también. Todos se abrazan los unos a los otros, dando besitos de despedida en la mejilla. Nicolás acompaña a Talía a su coche y los dos se quedan hablando juntos, recostándose contra el coche de Talía. Unos minutos más tarde, Yolanda se despide del grupo y se va para su propio coche. En camino, ve que Nicolás y Talía se quedan hablando y ella se despide de ellos otra vez con la mano. Después de hablar por más de una hora y media, Nicolás y Talía por fin se despiden el uno del otro y se van para sus propias casas. Mientras tanto, Pablo, Patricia y Jaime se sientan a descansar en los sofás en el sótano, ponen una película en la televisión y pasan muy tranquilos el resto de su domingo.

Nuestra historia continuará...

Capítulo 20

De viaje en coche

Después de un fin de semana divertido, celebrando el cumpleaños de Pablo, todos tienen una semana bastante normal...

Patricia empieza su nuevo trabajo en el café y su horario de esta semana la obliga a trabajar el lunes, martes, miércoles y jueves, pero solamente en las tardes. Así que no va a tener ningún conflicto con los planes para el próximo fin de semana, y el lunes, ella consigue hacer una cita para Jaime para las 9:00 de la mañana el jueves con uno de los consejeros del Centro de Recursos LGBTQ para ver si le puede dar consejos sobre sus problemas para dormir. Patricia lo acompaña a la cita para apoyarlo porque ella es muy comprensiva y confiable, y ella y Jaime tienen una amistad muy íntima en la que no mantienen ningún secreto el uno del otro. Patricia influye mucho en la vida de Jaime y tienen mucho en común, y es por eso por lo que Jaime vive con Patricia y no con sus padres, aunque es estudiante de primer año. Él siempre le hace caso y la respeta mucho porque ella nunca se burla de él, ni siquiera de broma. Jaime no es nada ingenuo, pero sí es modesto, idealista, un poco tímido y muy sensible. Cuando a él le surgen problemas, Patricia siempre lo apoya y lo aconseja, y cuando lucha por él, ella nunca se raja, nunca se rinde...

El lunes, Pablo llama al hotel donde van a quedarse el viernes y reserva dos habitaciones triples. El martes, él y Yolanda coinciden en la biblioteca, exactamente en donde se conocieron el viernes pasado, esperando en la cola a sacar unos libros. Hablan de lo divertido que fue el fin de semana pasado y de lo emocionados que están por ir juntos de viaje a ver la competencia de Nicolás en Santa Bárbara. Yolanda le recuerda a Pablo que prometió invitarlo a cenar y, después de consultar sus horarios, ven que los dos tienen el jueves libre por la noche, después de la última clase de Yolanda, la cual termina a las 6:00. Después de su clase, Yolanda pasa por la casa de Pablo para recogerlo, y lo lleva en su coche a un restaurante español que sirve las tapas españolas más auténticas de toda la ciudad...

Nicolás se prepara para su competencia del sábado que viene, entrenando cada día, pero encuentra tiempo para salir a cenar con Talía el miércoles por la noche. Los dos son muy coquetos y es muy obvio que sienten una atracción auténtica, tanto física como emocional. A primera vista, Nicolás parece ser el estereotípico deportista vanidoso, siempre levantando pesas en el gimnasio y andando por todas partes vestido de ropa bien elegante, pero a medida que Talía va conociéndolo mejor, ella se da cuenta de que ese estereotipo no le queda nada a Nicolás. Ella cree que él es realmente optimista, bien considerado y el más apasionado de toda la gente que ella conoce. Nicolás le cae muy bien a Talía, y le gusta mucho también. Talía también le cae muy bien y le gusta mucho a Nicolás. Él piensa que ella es la chica más guapa del mundo y se da cuenta de que ella no es nada celosa ni quejona como su exnovia. Durante la cena, hablan mucho de sus familias y se dan cuenta de que sus familias tienen mucho en común. También, Talía le muestra fotos de sus obras de arte y Nicolás cree que ella realmente tiene un don para pintar. Cree que ella es la más artística de su grupo de amistades y que ella es aun mejor pintora que Pablo. Él ve que ella es tranquila, responsable y muy talentosa, capaz de hacer cualquier cosa en este mundo...

El viernes, Nicolás empaca su mochila con las cosas que va a querer durante el fin de semana y, alrededor de las 4:45 de la tarde, se sube al autobús del equipo de natación y clavadismo y, a las 5:00, el autobús parte de la universidad con destino a Santa Bárbara...

Pablo regresa a su casa alrededor de las 4:30 de la tarde y ve que Patricia y Jaime ya están en casa, esperando al grupo, con su maleta ya hecha. Pablo empaca en una maleta grande todas las cosas que quiere traer en el coche al hotel y a eso de las 4:45, Yolanda llega lista, y luego Talía. Para ahorrar espacio en el coche, Pablo comparte su maleta con Yolanda y Talía y a eso de las 5:00, los cinco se suben al coche de Yolanda; ella maneja, Jaime se sienta a su lado, y los demás se meten en el asiento trasero, Pablo en el centro con Patricia y Talía al lado de las ventanillas.

Nuestra historia continúa...

Yolanda – ¡Abróchense los cinturones, chicos!

Pablo – Espera, Yoli. No encuentro el mío.

Patricia – Perdona, rey, yo estaba sentada en él. Toma.

Pablo – Gracias. *Okay*, listo. ¡Vámonos!

Yolanda – ¿Pongo música?

Patricia – Si te parece bien, Yoli, no pongas música ahora. Prefiero hablar ahora y escuchar música más tarde.

Yolanda – Claro, amiga.

Patricia – Gracias.

Yolanda – Con mucho gusto.

Talía – ¿De qué hablamos?

Jaime – Yo tengo una pregunta para Yoli.

Yolanda – Adelante.

Jaime – El sábado, en la fiesta, cuando te conocí por primera vez, tú ya sabías mi nombre. Te pregunté cómo sabías y ¿recuerdas lo que me dijiste?

Yolanda – Sí, te dije que era por la intuición femenina. Ja, ja, ja.

Jaime – ¡Exacto! Y como Pablo siempre les dice a todos que soy muy alto, pensé que era por eso.

Yolanda – ¿Y cuál es tu pregunta?

Jaime – En el sótano, la noche de la fiesta, cuando nos preguntabas a todos lo que estudiábamos y a lo que nos queríamos dedicar en el futuro, yo te dije que quería ser psicólogo para adolescentes que se identificaban con la comunidad LGBTQ y me preguntaste si era por la influencia de los consejeros del Centro de Recursos LGBTQ. ¿Cómo sabías que yo conocía a los consejeros allí?

Yolanda – Jaime, además de llegar a ser un buen psicólogo algún día, vas a hacerte un buen detective.

Patricia – Sí, Jaime tiene buenos instintos y la habilidad de leer a la gente.

Yolanda – Lo creo, Patri. Y, para contestar tu pregunta, Jaime, cuando tú y yo "nos conocimos" en la puerta cuando entraste, yo ya te conocía a ti, aunque tú no me conocías a mí, bueno, por lo menos yo sabía quién eras.

Pablo – ¡De esto tengo que enterarme!

Talía – Sí, yo también quiero saber cómo.

Yolanda – Pues apuesto a que Jaime apenas se dio cuenta. ¿Tengo razón?

Jaime – Aaah, sí. Ahora lo sé.

Pablo – Pues ¡dinos por el amor de dios!

Jaime – Yolanda trabaja de ayudanta en el Centro de Recursos LGBTQ.

Yolanda – ¡Eureka! Sí, trabajo de voluntaria allí, y a veces doy clases particulares a los estudiantes que necesitan tutora de ciencias.

Pablo – Y cuando yo te decía que Jaime era el más alto de todos, tú te burlabas de mí un poco y ahora sé que era porque tú sabías algo que yo no.

Yolanda – Solo estaba bromeando contigo porque sabía que tenías un buen sentido de humor, pero sí, cuando me dijiste que se llamaba Jaime y que era muy grande, sabía exactamente de quién hablabas.

Talía – ¿Y por qué no le dijiste en aquel momento que ya lo conocías, Yoli?

Jaime – Ella no podía.

Talía – ¿Por qué no?

Jaime – Los estudiantes que buscamos apoyo en el Centro de Recursos LGBTQ tenemos que poder confiar en todos los empleados y ayudantes. Ellos tienen que jurar mantener la confidencialidad y que no van a discutir la identidad de nadie fuera del Centro de Recursos sin su permiso.

Pablo – Así que, Jaime, tú tenías que hablar primero y cuando dijiste que querías ser psicólogo para adolescentes que se identificaban con la comunidad LGBTQ "como Patri y yo", eso fue cuando Yoli podía decir algo.

Talía – Comprendo perfectamente bien por qué algunos individuos de la comunidad LGBTQ buscan mantenerse en el anonimato en ciertos casos, pero qué vergüenza, de verdad, que en el siglo XXI en este país no todos podemos simplemente ser quienes somos sin preocuparnos de quién se va a enterar.

Patricia – Estoy de acuerdo contigo en eso.

Jaime – Y, gracias, Yoli, por querer respetar y mantener mi privacidad, porque es diferente para cada persona. Pero ahora sabes que yo estoy orgulloso de quién soy. No tengo ninguna vergüenza de ser *gay* y no me importa si todo el mundo se entera.

Yolanda – Con mucho gusto, amigo. ¿De qué hablamos ahora?

Talía – Yo quiero hablar de todos los chicos guapos que vamos a ver en la piscina en la competencia de Nicolás. Ja, ja, ja.

Yolanda y Jaime – Yo también.

Pablo – Yo voy a estar. ¿Quieren hablar de mí?

Yolanda – Pues yo sí.

Jaime – Yo no.

Patricia – Sí, Jaime quiere hablar de Rafael, el español que está en el equipo de relevo de 4 por 50 yardas con Nicolás.

Yolanda – Uuuh, Patri, dinos más...

Patricia – Jaime se lo puede decir.

Jaime – Pues no hay mucho para decir. Es colega de Nicolás, pero yo no lo conozco bien. Lo conocí hace unas semanas en el café donde Patri trabaja ahora. Nicolás y yo estábamos sentados, tomando un café allí y vimos que Rafa también estaba. Nicolás lo saludó y lo invitó a sentarse con nosotros. Nicolás me lo presentó y ya.

Yolanda – ¿Y ya? ¿Es tu historia? No seas tímido.

Jaime – Bueno, es que él me gusta.

Patricia – Venga, cariño, ¿puedo decírselo?

Jaime – Adelante, reina, pero no se rían, chicos.

Patricia – Cariño, nadie se va a reír. Es muy lindo.

Pablo – Sí, hombre, no nos vamos a reír.

Jaime – Vale.

Patricia – Pues Jaime está completamente enamorado de Rafael. Cuando regresó a casa después de conocerlo, no quería hablar de nada excepto del "galán español". Y no sabemos si es una coincidencia o no, pero desde entonces, Jaime no duerme bien en las noches.

Talía – ¿Y saben cómo se identifica, o sea, si le gustan los hombres o
        no? ¿O es ese el problema?

Patricia – **Diste en el clavo**. No sabemos si le gustan los hombres.

Jaime – Estoy casi seguro de que sí.

Yolanda – ¿Y por qué no le preguntas a Nicolás?

Jaime – Le pregunté el mismo día y me dijo que no lo sabía.

Talía – ¿Cómo que no lo sabía? Dijiste que eran amigos, ¿no?

Jaime – Sí, pero Nicolás dice que los miembros del equipo no hablan
        de cosas así. Dice que de vez en cuando alguien habla de su
        novia, normalmente quejándose de ella o diciendo algo
        inapropiado, pero los que no tienen novias no pasan mucho
        tiempo hablando de relaciones románticas. Solo sabe que
        Rafa no habla ni de las chicas ni de los chicos de tal manera.

Pablo – De todos modos, parece que Rafael es una persona
        bastante reservada.

Jaime – Mejor dicho, una persona misteriosa.

Yolanda – Y a nuestro psico-detective le gusta un buen misterio,
          ¿no?

Jaime – Prefiero dormir bien en la noche a un buen misterio.

Patricia – Bueno, mañana vamos a averiguar. Podemos observar
          cómo Rafael se comporta con los otros chicos y entre
          Jaime y yo, creo que vamos a poder enterarnos.

Talía – Y si no, pues Jaime puede invitarlo a un cafecito en el café un
        día de estos.

Jaime – Bueno, Uds. no tienen que planear mi vida amorosa. Puedo
        hacerlo yo mismo, pero mil gracias por su apoyo.

Los chicos siguen hablando por un tiempo, pero después de un rato
de silencio, les da ganas de escuchar música.

Patricia – En fin. ¿Qué tal si pones la radio ahora, Yoli?

Yolanda – A tus órdenes, Patri.

Nuestra historia continuará...

Capítulo 21

Influencias

Son las 7:15 de la noche del viernes y Yolanda <u>ha estado</u> manejando su coche por la carretera durante más de dos horas, y aún le queda una hora más. Llevando de pasajeros a Jaime, Pablo, Talía y Patricia, va en dirección del hotel en donde Nicolás y el resto de su equipo de natación y clavadismo van a pasar la noche antes de su competencia en la mañana. Los cinco del coche <u>han estado</u> escuchando música en español en la radio, reflexionando sobre la vida. Están muy emocion<u>ados</u> por ver a Nicolás competir contra sus rivales universitarios, pero también están muy contentos de simplemente estar entre buenos amigos, compartiendo sus vidas los unos con los otros. Tienen grandes planes de cambiar el mundo, y con razón; son jóvenes talentosos y apasion<u>ados</u> y quieren influir en las vidas de los demás. Pero no <u>han llegado</u> a este punto en sus vidas solos, y ellos mismos lo saben. <u>Han tenido</u> ayuda de muchas influencias positivas. Se dan cuenta de que, aunque es cierto que <u>han trabajado</u> y <u>luchado</u> por todo lo que tienen, las oportunidades que <u>se les han presentado</u> en sus vidas y el apoyo que sus familias, maestros y consejeros <u>les han dado</u> <u>han sido indispensables</u>.

Nuestra historia continúa...

Pablo – Yoli, no <u>has hablado</u> mucho sobre dónde vives.

Yolanda – Un momento. Déjame apagar la radio... Listo. ¿Qué me estabas diciendo?

Pablo – Es que yo estaba pensando en el vecindario donde Patri, Jaime y yo vivimos y en lo afortun<u>ados</u> que somos de poder vivir en las afueras de la ciudad en una casa con jardines grandes con cercas de privacidad, donde no hay mucho tráfico ni delincuencias. Y se me ocurrió que yo no sabía nada sobre dónde vives tú. <u>Nos has dicho</u> que vives en un apartamento con unas chicas flojas que no hacen sus deberes, pero ni siquiera sé dónde está.

Patricia – Sí, Yoli. Tú sabes dónde vivimos nosotros, pero sabemos muy poco de tu situación doméstica.

Yolanda – A ver, mi apartamento está ubic<u>ado</u> en la ciudad, en el centro, o sea, no muy lejos del Parque Balboa, donde yo ayudé a Pablo en su tarea de ciencias el sábado pas<u>ado</u>.

Patricia – Ah, sí, donde todo el coqueteo comenzó. Ja, ja, ja.

Pablo – Yo me imaginaba que vivías más lejos del parque.

Yolanda – ¿Por qué?

Pablo – Es que tú manejaste tu carro allí.

Yolanda – Sí, manejé al parque porque sabía que tú y yo íbamos a pasar tiempo en tu fiesta después, pero no sabía a qué hora iba a salir de la fiesta. Y, como no me siento muy segura caminando por la ciudad cuando está oscuro, decidí manejar.

Pablo – Curioso, yo nunca pienso en cosas así. Sé que San Diego tiene un poco de crimen, pero no la considero una ciudad peligrosa como las ciudades más grandes del país. Yo me siento muy tranquilo caminando por todas partes tanto cuando hace sol como cuando está oscuro.

Talía – Tienes toda la razón, Pablo, que no es una ciudad muy peligrosa. Sin embargo, sí hay asaltos y robos de vez en cuando y las mujeres tenemos que tener más cuidado de lo que tú piensas.

Pablo – Es que yo también tengo cuidado, pero no tengo miedo.

Yolanda – Es porque tú eres un hombre muy consider<u>ado</u> y amable y siempre tratas a otros con respeto, pero a causa de eso, no te imaginas cuántos hombres no son así como tú.

Pablo – Yoli, ¿me tenías miedo a mí antes de conocerme bien?

Yolanda – Cuando nos conocimos en la biblioteca el viernes pas<u>ado</u>, **me dabas muy buena espina.** Primero estabas sacando libros de la biblioteca. Era una buena señal. Significaba que eras estudioso, serio y, probablemente, seguro. Por eso te di mi número de teléfono. Luego, cuando me dijiste que te gustaba hacer tu tarea los sábados por la mañana para no tener que preocuparte de las obligaciones el resto del fin de semana, supe que eras muy responsable.

Pablo – Luego, en el parque, me dejaste entrar en tu carro contigo.

Yolanda – Sí, después de lo del parque, yo ya tenía confianza en ti. Así que, para contestar tu pregunta, no, nunca te tenía miedo, pero sí tuve el mismo cuidado de siempre. No es nada personal, sino una realidad de ser mujer.

Talía – A ver, Jaime.

Jaime – Dime.

Talía – Cuando andas por la ciudad en la noche, ¿tienes miedo?

Jaime – Nop.

Talía – ¿Nunca?

Jaime – Mírame. No tengo miedo; el miedo lo doy yo.

Patricia – Todos sabemos que Jaime es un gigante gentil, un caballero de verdad, pero los desconocidos no lo saben.

Talía – Los hombres lo tienen muy fácil.

Pablo – Yoli, ¿te sientes segura viviendo en tu apartamento en la ciudad?

Yolanda – Uds. saben que San Diego no tiene una población muy grande, aun en el centro. Bueno, por lo menos comparado con Las Vegas, no. Sé que hay cosas malas —ladrones, racismo, drogas— pero casi nunca oigo nada de homicidio ni asaltos. Las calles tienen tráfico típico y las aceras tienen sus peatones, pero no veo nada loco.

Jaime – Excepto cuando los fanáticos vienen en julio para su convención de cómics, todos disfrazados de sus superhéroes favoritos.

Yolanda – Sí, lo vi el verano pasado. ¿Lo hacen cada año?

Patricia – Sí, cada verano, miles de fanáticos llegan a la ciudad por no sé cuántos días y llenan los hoteles, las habitaciones de casas particulares que las rentan, los bares y los restaurantes, y la ciudad se vuelve loca.

Jaime – Y durante esa semana, Patri y yo no salimos de la casa, excepto en caso de emergencia.

Yolanda – Sí, el verano pasado, cuando la convención terminó, sentía una calma verdaderamente sublime.

Jaime – Bueno, puedes sentir esa calma cada agosto. Ja, ja, ja.

Yolanda – Bueno, aparte de la convención de cómics, sí hay ruido
típico de cualquier ciudad, pero como no oigo sirenas de
policía toda la noche ni nada de eso, me siento muy
segura siempre que estoy en mi apartamento. Dicho eso,
aunque nada malo me ha pasado, prefiero no salir a la
calle sola en la noche.

Pablo – ¿Por qué escogiste vivir en la ciudad?

Yolanda – Vivo con mi compañera de cuarto de las residencias
estudiantiles del año pasado y escogimos el sitio juntas.
Cuando buscábamos una nueva vivienda, queríamos un
vecindario animado, con todo al alcance de la mano y una
buena vida nocturna. Saliendo de mi apartamento, por
ejemplo, puedo aprovechar los senderos que cruzan el
Parque Balboa. También el zoo y el museo de aviones y
espacio están muy cerca. Y el mercado agrícola, o sea,
"mercado de granjeros", como le dicen por aquí, no está
muy lejos.

Pablo – Bueno, todo eso me parece conveniente para un estudiante
cualquiera, pero yo prefiero vivir en un lugar más aislado.

Yolanda – ¿Como en un terreno en el campo con los espantapájaros
como tus únicos compañeros? Ja, ja, ja.

Pablo – No taaan aislado. Es que me conviene vivir donde vivo
ahora. Puedo tocar mi guitarra y cantar sin preocuparme de
molestar a los vecinos. Ellos dicen que no oyen nada de mi
ruido. Me tocó mucha suerte cuando conocí a Patri y me
ofreció la oportunidad de mudarme a vivir con ella. Yo
odiaba vivir en las residencias estudiantiles. No podía tocar
mi guitarra y mi compañero de cuarto era un cochino
mentiroso con malos modales que me robó y vendió dos de
los cuadros que pinté. El día en el que me escapé de allí y
me instalé con Patri fue un día maravilloso. Yo le doy las
gracias a Patri cada día.

Patricia – Rey, tú te mereces una vida maravillosa. Yo te doy las
gracias a ti por tu bondad. Eres una de mis personas
favoritas y siempre puedes contar conmigo.

Pablo – Gracias, reina. Ya lo sé. Y tú conmigo.

Talía – Yoli, ¿has dicho que vivías en Las Vegas?

Yolanda – Sí, nací y crecí allí.

Talía – Yo pensaba que era nomás un destino turístico, que nadie realmente vivía allí.

Yolanda – Lo mismo pensaba yo de Nueva York.

Talía – Vale, vale. ¿Pues cómo era vivir allí?

Yolanda – Bueno, hay mucha contaminación del aire y, por algún fenómeno climático o quizá por las montañas a su alrededor, el viento no se la lleva. Así que si miras la ciudad desde fuera, puedes ver que la contaminación se queda flotando encima como una nube marrón. Me está encantando vivir aquí por la costa del mar porque los vientos se llevan la contaminación y, aun con mi asma, no tengo problemas para respirar cuando hago ejercicio.

Talía – Qué bien.

Yolanda – Sí. Y bueno, cuando yo era pequeña, vivía en un apartamento en un barrio muy peligroso. Había rejas en las ventanas de los apartamentos y en algunas tiendas a causa de todos los robos. Había reportajes de homicidios y asaltos en la tele cada noche, vidrio roto por todas partes y gente vendiendo drogas en el parque cercano. Por eso, mis padres no me dejaban jugar fuera sin ellos. La gente estaba muy desesperada. Casi no había ciclistas montando por las calles, como los hay por aquí, porque las calles no eran seguras a causa de todo el tráfico loco.

Talía – ¿Había transporte público?

Yolanda – Sí, había varios buses, pero mis padres me decían que eran peligrosos, así que yo no podía tomarlos sola. No sé cuántos habitantes había en la ciudad. Por un lado, había mucha diversidad, muchos latinos que hablaban español, entre otra gente de todo el mundo, pero por otro lado, yo recuerdo que había mucho racismo y cada grupo étnico tenía sus propios barrios.

Talía – Es igual en Nueva York. Bueno, me imagino que es igual en muchas ciudades. ¿Tienes hermanos o hermanas?

Yolanda – No, soy hija única. Bueno, es mentira. Tengo un medio hermano, hijo de mi papá, no de mi mamá, pero no crecí con él.

Talía – ¿Tus padres están divorci<u>ados</u>?

Yolanda – No, mi padre estuvo cas<u>ado</u> una vez antes de casarse con mi mamá. Cuando ellos se divorciaron, su hijo se quedó con su mamá y ellos regresaron a Panamá.

Talía – ¡Qué triste!

Yolanda – Sí, pero así es la vida. Pues cuando yo tenía once años, mi papá aprovechó una nueva oportunidad laboral y pudimos escaparnos de todo el crimen y desesperación. Nos mudamos a las afueras al norte de la ciudad. Se llama Las Vegas del Norte. Es oficialmente una diferente ciudad, pero está dentro del mismo condado.

Talía – ¿Y es donde viven tus padres ahora?

Yolanda – Sí, siguen allí todavía. Cuando nos escapamos de la ciudad, nos mudamos a una casa nueva en las afueras, en un vecindario nuevo. Todos teníamos casas nuevas allí. Mi papá me compró una bici rosada nueva y podía montar en ella por todas las calles del barrio. Los niños vecinos jugaban al fútbol en las calles. Muchos tenían aros de básquetbol mont<u>ados</u> en la pared encima de su garaje o por separado en la calle. De niña, yo tuve que crecer rápido, tener mucho cuidado y ver el mundo desde la perspectiva de una adulta. Cuando nos mudamos a esa casa nueva es cuando por fin pude convertirme en niña.

Pablo – Mis padres tuvieron una experiencia muy similar. Fueron de humildes principios a una vida mejor. Imagínense lo difícil que <u>ha sido</u> para nuestros padres, abuelos y bisabuelos.

Patricia – Sí, mi familia <u>ha vivido</u> en California durante muchas generaciones, desde que California era territorio de España, luego de México, y ahora de Estados Un<u>idos</u>. Pero las familias de Uds. vinieron de países del tercer mundo hace tan solo dos o tres generaciones. Aun así, lo que tenemos en común es que nuestros ancestros lucharon y trabajaron por una vida mejor.

Talía – Y nos la han dado a nosotros. Por eso estoy agradecida.

Pablo – Lo mismo digo yo.

Yolanda – Bueno, lo mismo decimos todos.

Patricia – Nosotros también hemos tenido que luchar y trabajar para haber llegado a la universidad.

Talía – Estoy de acuerdo. Nuestros padres, maestros y consejeros nos han mostrado el camino, nos han dado las oportunidades, y nos han apoyado, pero también nosotros merecemos un poco de crédito por haber aprovechado todo ese apoyo y esas oportunidades. Hemos estudiado, trabajado, y realmente luchado ante muchos factores que se han presentado en nuestra contra.

Jaime – Lo has dicho perfecto, Talía.

Yolanda – Estoy de acuerdo. Estoy muy agradecida por haberlos conocido a Uds. porque sé que sentimos el mismo orgullo. El orgullo no solo de quiénes somos, sino también por lo que hemos hecho y lo que seguimos queriendo hacer en nuestras vidas. Y si algún día tenemos hijos, vamos a poder darles las mismas oportunidades que nuestros antepasados nos han dado a nosotros.

Patricia – Tiempo fuera. Ahora has llegado demasiado lejos, Yoli. Soy demasiado joven como para estar hablando de tener hijos. Ja, ja, ja.

Talía – Estoy de acuerdo.

Yolanda – Vale, vale.

Jaime – Oigan, ya llegamos a Santa Bárbara.

Pablo – ¡Por fin!

Yolanda – Jaime, ¿sacas tu teléfono para ayudarme a navegar?

Jaime – Cómo no, reina.

Nuestra historia continuará...

Capítulo 22

Se recomienda discreción

Los cinco amigos se están acercando a Santa Bárbara, donde van a pasar la noche en un hotel antes de la competencia de natación y clavadismo de Nicolás y pueden ver las luces de la ciudad. El lunes, Pablo recordó reservar dos habitaciones triples, y qué bueno porque resulta que los otros se habían olvidado por completo del tema. Ya que Nicolás tiene la autorización de su entrenadora a quedarse con sus amigos, van a compartir las dos habitaciones entre los seis amigos. Pero primero, Yolanda y Jaime tienen que encontrar el hotel.

Nuestra historia continúa...

Jaime – Oigan, ya llegamos a Santa Bárbara.

Pablo – ¡Por fin!

Yolanda – Jaime, ¿sacas tu teléfono para ayudarme a navegar?

Jaime – Cómo no, reina.

Yolanda – Dime qué salida necesito tomar.

Jaime – Bueno, según las indicaciones del mapa, el aeropuerto queda cerca de la universidad y el hotel donde el equipo de Nicolás se va a quedar está cerca del aeropuerto. Parece que nos quedan unos minutos más en la autopista.

Patricia – ¡Caray! Díganme que alguien ha hecho las reservaciones.

Pablo – Tranquila, reina. Las hice yo el lunes pasado.

Jaime – Mil gracias, Pablo. Se me había olvidado por completo que íbamos a hacerlo.

Pablo – Tranquilos. Yo prometí hacerlo y lo he hecho.

Talía – Bueno, gracias, Pablo. Podemos siempre contar contigo.

Pablo – Bueno, Uds. me deben una.

Yolanda – Jaime, ¿estás seguro de que no hemos perdido nuestra salida? Hemos pasado por casi toda la ciudad y no quiero tener que dar media vuelta en la autopista.

Jaime – Tranquila, reina. Si seguimos las señales para el aeropuerto, todo va a salir bien.

Patricia – Créeme, Yoli. Jaime es buen navegador. Además, él nació en San Diego y conoce las carreteras de California muy bien. Ni una vez se ha perdido.

Jaime – Bueno, una vez. Ja, ja, ja. ¿Recuerdas, reina?

Patricia – Ah, sí, recuerdo. Pero es una historia para otra ocasión.

Jaime – Yoli, esta es nuestra salida. Vas a tener que salir de la carretera 101, pasar por debajo del puente y seguir las señales de tránsito para la carretera 217 y luego incorporarte al tráfico, que no hay semáforo.

Yolanda – Vale.

Jaime – Sigue derecho por menos de una milla y toma la primera salida a la derecha. Después, incorpórate al tráfico, pero mantente a la derecha, que el hotel va a estar a la derecha en como dos o tres millas.

Yolanda – Siempre me pongo nerviosa cuando manejo a una ciudad nueva. No quiero encontrarme yendo en sentido equivocado por una calle de sentido único, no cediendo el paso por no ver la señal o teniendo que dar marcha atrás en el tráfico.

Talía – Yoli, por favor, no des marcha atrás en el tráfico. Ja, ja, ja.

Pablo – Sí, por favor que no.

Yolanda – Quiero decir que si estoy detenida en el tráfico y tengo que doblar sin poder... ah, no me hagan caso...

Talía – ¿Uds. han notado que todas las señales de tránsito salen en letra mayúscula? Parece que nos están gritando. ¡ALTO!

Jaime – Nunca había pensado en eso. Yoli, es aquí, a la derecha. Puedes estacionar en cualquier lugar.

Pablo – Patri y yo vamos a entrar para registrarnos y recoger las llaves.

Patricia – Ya venimos.

Yolanda – Gracias, chicos.

Pablo – No hay por qué.

Cuando Yolanda estaciona su coche, Pablo y Patricia se bajan y entran en el hotel para cumplir con la registración y recoger las llaves. Un empleado de la recepción los registra, les da las tarjetas llave y les explica lo del entretenimiento que ofrecen en la televisión, las horas de piscina, las horas del restaurante que se ubica dentro del hotel y la hora de salida para la mañana siguiente. Con las tarjetas llave en mano, Pablo y Patricia regresan y se suben al coche.

Pablo – Listo.

Yolanda – ¿Qué dijeron?

Pablo – Nuestras habitaciones están a la vuelta. Tenemos la 201 y la 203, en el segundo piso. Hay escaleras y un elevador, si queremos.

Talía – ¿Hay piscina?

Patricia – Sí, la piscina está abierta hasta las 11:00, pero también hay un restaurante aquí mismo, dentro del hotel.

Jaime – ¡Qué bueno! Me estoy muriendo de hambre.

Patricia – Pero tenemos que apurarnos porque cierra a las 9:00.

Jaime – Tienes razón. Tenemos que apurarnos ya que son las 8:00 pasadas.

Yolanda – ¿Ha llegado el equipo de Nicolás? No veo su bus.

Patricia – Sí, él me mandó un texto justo antes de nuestra llegada diciendo que ya había llegado. Dijo que todo el resto de su equipo iba a cenar de inmediato, pero que él iba a esperarnos en la entrada del restaurante. Le voy a mandar un mensaje para decirle que hemos llegado y que lo vamos a ver dentro de cinco minutos.

Jaime – Perfecto. Vámonos.

Yolanda maneja por el estacionamiento hacia la parte trasera y allí todos ven estacionado el autobús del equipo de Nicolás. Yolanda estaciona su coche y todos le dan las gracias por haber manejado. Se bajan del coche, recogen su equipaje y van para las escaleras. Al entrar, ellos suben al segundo piso, buscan sus habitaciones y, cuando las encuentran, ven que son habitaciones vecinas. Patricia, Yolanda y Talía entran en la 201 y Pablo y Jaime entran en la 203. Al entrar, Talía se da cuenta de que sus cosas, junto con las de Yolanda, están en la maleta de Pablo. En ese momento, oyen a alguien abrir una puerta y tocar a la de las chicas. Es la puerta que conecta su habitación con la vecina. Patricia la abre.

Patricia – ¡No me digas! Pásale.

Pablo – ¡Hola! Genial, ¿no?

Yolanda – ¡Fenomenal! Es como tener una sola habitación gigante.

Jaime – Nuestras habitaciones triples forman una séxtuple.

Talía – ¿Aun es una palabra?

Jaime – Sí, siempre he querido tener una excusa para decirla en
contexto. Ja, ja, ja.

Patricia – Bien hecho, rey.

Pablo – A ver, Uds. tienen la misma habitación, pero al revés. Ver la
suya es como ver la nuestra en el espejo.

Talía – No sé quiénes van a dormir dónde, pero, Pablo, las cosas
mías y las de Yolanda están en tu maleta.

Pablo – Vale. Podemos arreglar todo eso después de cenar. Vamos,
chicos. Casi son las 8:30 y Nicolás nos está esperando en el
restorán allí abajo.

Patricia – Ándale pues. ¿Está cerrada tu puerta principal?

Pablo – Déjame checar. Allí nos vemos en el pasillo.

Patricia – Sale pues. Vamos, chicos.

Los cinco salen de sus habitaciones, cierran las puertas y van en
dirección de las escaleras. Al bajar, encuentran el restaurante
fácilmente y ven que Nicolás está allí en la puerta, esperándolos
pacientemente. Todos le dan abrazos y besitos.

Nicolás – ¡Gusto en verlos!

Pablo – Igualmente, hombre.

Talía – Hola, guapo.

Nicolás – Hola, Talía.

Patricia – ¿Cómo te fue tu recorrido en bus?

Nicolás – Muy bien, gracias, reina. Oigan, no intento apresurarlos,
pero hay un bufé y cierra en media hora.

Patricia – Órale.

Jaime – Es fácil saber cuándo Patri está emocionada, verdad, reina.

Patricia – ¿Cómo?

Jaime – Le pones "le" a todo. "Ándale, órale, pásale". Ja, ja, ja.

Patricia – Es verdad. Ji, ji, ji. Estoy muy emocionada. ¿Y qué?

Jaime – No, es que tú <u>has estado</u> queriendo ir de vacaciones desde el primer día de clases este semestre. Y aquí estamos.

Patricia – Sí, tú me conoces mejor que nadie.

Nicolás – Vamos, chicos. Pagamos individualmente y luego nos llevan a una mesa.

Los amigos pagan individualmente, pero Patricia paga por Pablo porque él <u>les había hecho</u> a todos el gran favor de reservar las habitaciones. La mesera los lleva a una mesa para seis, le piden sus bebidas y ella se las lleva. Luego, todos pasan al bufé a llenar sus platos de la comida que más les apetece. Con platos llenos y cubiertos y servilletas en mano, ellos vuelven a la mesa.

Pablo – Nicolás, ¿qué escogiste?

Nicolás – Yo opté por el pavo, puré de papas con salsa de carne, maíz y pan con mantequilla.

Patricia – Alguien tiene ganas del Día de Acción de Gracias.

Nicolás – Para mí, cada día es un día de dar las gracias. ¿Qué tienes tú, Pablo?

Pablo – Son espaguetis con pollo, salsa de tomate y queso parmesano, y pan de ajo.

Nicolás – ¡Qué rico! Patri, ¿qué tienes?

Patricia – Enchiladas en salsa roja con arroz y frijoles.

Pablo – Yoli, ¿no viste la barra de ensalada?

Yolanda – Tenía ganas de una ensalada grande con todos los vegetales, pero cuando vi la lechuga marrón y los aderezos secos, ya no me apetecía más.

Pablo – Ay, lo siento. Así que, ¿qué encontraste?

Yolanda – Creo que es cerdo en salsa barbacoa, vegetales mixtos y unas papas fritas.

Nicolás – Talía, ¿qué tienes?

Talía – Pollo frito y vegetales mixtos.

Nicolás – Muy bien. ¿Viste que hay helado?

Talía – No, no lo vi, pero ahora se me antoja.

Nicolás – Bueno, después de cenar, te invito a un cono de helado.

Talía – Pero ya <u>he pagado</u>.

Nicolás – Bueno, me invitas a mí, entonces. Ja, ja, ja.

Mientras cenan, los chicos hablan sobre el horario de la competencia. Nicolás les explica que hay diferentes pruebas y que él no compite en todas. Dice que la competencia empieza a las 9:00 y que, si quieren un buen asiento con la mejor vista posible, deben llegar antes de las 8:30. También les dice que van a tener que salir del hotel con todas sus cosas en la mañana porque la competencia va a terminar después de la hora de salida del hotel. Después de cenar, los chicos van por postre: pastel de chocolate, pastel blanco, helado y otros dulces. Al terminar, dejan una buena propina en la mesa y suben a sus habitaciones para entretenerse un poco antes de tener que dormirse.

Nicolás – Vaya, tenemos una habitación séxtuple.

Jaime – Es exactamente lo que dije yo.

Nicolás – Y en cada mitad, tenemos dos camas dobles y un sofá cama. Pues yo puedo dormir en un sofá cama si los demás prefieren las camas.

Jaime – Pues yo soy demasiado alto para un sofá cama.

Pablo – No te preocupes, Jaime. Yo me duermo en el otro.

Talía – Bueno, si dos chicos duermen en los sofás cama, pues obviamente no vamos a separarnos como en los coches el fin de semana pasado, chicos y chicas.

Patricia – A mí me da igual.

Yolanda – Bueno, ¿qué tal si Talía y yo dormimos en la otra habitación con Pablo, ya que compartimos una maleta?

Patricia – Me parece bien. Yo me quedo aquí con Jaime y Nicolás.

Pablo – ¿Uds. quieren ver qué hay en la tele? El tío de la recepción dice que hay unos ciento treinta canales por cable y muchas películas que podemos rentar.

Jaime – A ver, ¿dónde está el control remoto?

Yolanda – Está en la mesilla, al lado de Patricia.

Patricia – Aquí tienes, Pablo.

Pablo – A ver, tienen muchas películas. Podemos organizarlas por título, por género o por clasificación.

Yolanda – ¿Qué clasificaciones tienen?

Pablo – A ver, tienen "apto para toda la familia", "se recomienda discreción para menores de trece años", "se recomienda discreción para menores de diecisiete años" y "adultos".

Nicolás – Uy, no podemos ver de la última categoría porque Jaime es menor de edad. Ja, ja, ja.

Jaime – Qué comediante eres. ¿No te vi en ese club de comedia el otro día?

Nicolás – No, ese fue mi gemelo.

Pablo – Bueno, no me parece útil organizarlas por clasificación ya que no queremos ver de "adultos" y muchas de las de "apto para toda la familia" son dibujos animados para niños.

Talía – A mí me gustan los dibujos animados para niños. Los viejos son muy aburridos, pero los más recientes son muy entretenidos.

Pablo – Digamos que los dibujos animados no tratan temas muy profundos.

Patricia – Estoy de acuerdo.

Yolanda – Entonces, búscalas por género, Pablo.

Pablo – De acuerdo.

Jaime – ¿Qué hay?

Pablo – Tienen "de acción", "románticas", "comedias", "comedias románticas", "policíacas", "dramas", "de terror", "de fantasía", "deportivas", "de ciencia ficción", "en estreno"... ¿Cuáles les parecen interesantes?

Yolanda – A mí no me gustan las películas de terror. Hay demasiada violencia y me dan pesadillas. Además, Uds. no quieren oírme chillar.

Jaime – Estoy de acuerdo. A mí me fascinan los dramas.

Yolanda – Los dramas a veces son entretenidos, pero algunas escenas salen demasiado exageradas.

Nicolás – Eso es lo que digo yo de los romances.

Patricia – ¿Qué tal una de acción?

Pablo – A ver..., ¿de qué trata esta?... "se recomienda discreción para menores de trece años" por... a ver... por "violencia", "violencia sexual", "drogas" y "lenguaje adulto".

Yolanda – Vaya, pero si tienes catorce años, no hay problema.

Talía – ¿Qué hay de películas extranjeras? A ver si hay alguna en
español.

Pablo – Buena idea. A ver, ¿qué dice esta?... Uuuh, "se recomienda
discreción para menores de diecisiete años".

Talía – ¿Por?

Pablo – Por "desnudez".

Talía – ¿Y?

Pablo – Nada. Es todo lo que dice.

Patricia – ¡Qué vergüenza! ¿No lo creen chicos?

Nicolás – ¿Qué?

Patricia – Que, según el censor, a los catorce años, un joven tiene
el derecho a ver películas con violencia sexual y drogas,
pero no puede ver un cuerpo humano desnudo hasta
cumplir los diecisiete.

Nicolás – Sí, a mí me parece ridículo.

Jaime – Pues a mí me da igual ver la desnudez, pero me interesa
ver una peli extranjera, como en francés o en alemán.

Nicolás – Pero si estamos leyendo los subtítulos, ¿cómo vamos a
poder prestar atención a toda la desnudez? Ja, ja, ja.

Jaime – Primero tienes que saber leer para preocuparte de tales
dilemas.

Nicolás – ¡Ay! ¿Quién es el comediante ahora?

Yolanda – Chicos, ayúdennos a escoger. No nos queda mucho
tiempo.

Patricia – Oye, Pablo. ¿Qué tal esa? Es francesa y se estrenó hace
unos años, pero todos dicen que es bellísima. Hace mucho
tiempo que quiero verla.

Pablo – Chicos, Patri dice que esta es buenísima. Vamos a ver el
tráiler, a ver qué nos parece.

Patricia – Creo que nos va a encantar.

Los seis ven el tráiler de una película que algunos le habían recomendado a Patricia. A todos les interesa el tema y todos están de acuerdo en que, si no escogen una película pronto, van a perder su oportunidad ya que Nicolás debe acostarse antes de la medianoche. La película dura aproximadamente dos horas y, al final, todos tienen mucho sueño y están listos para dormir. Los seis se dividen entre las dos habitaciones. Todos toman sus turnos en el baño, cepillándose los dientes, peinándose el pelo, lavándose la cara, y aun Yolanda y Talía se duchan para no tener que despertarse demasiado temprano. Hacen planes para desayunar a las 7:30 en el mismo restaurante en donde cenaron y salir del hotel alrededor de las 8:15 para llegar a la piscina antes de las 8:30. Luego de planear todo y prepararse para dormir, todos se acuestan en sus camas.

Patricia – Buenas noches, chicos. **Que sueñen con los angelitos.**

Nuestra historia continuará...

Capítulo 23

Dos besos

Pablo se despierta al amanecer y echa un vistazo a las otras camas para ver si Yolanda y Talía todavía están dormidas. Resulta que sí, pero, tomando en cuenta que las chicas ya se habían duchado en la noche, las deja seguir durmiendo un rato más. Después de unos minutos, él se levanta para ver si los chicos de la otra habitación ya están despiertos. Cuando entra en la otra habitación, ve que Nicolás está a punto de salir a desayunar. Se saludan el uno al otro, Pablo le desea suerte a Nicolás y se despiden. Luego, echa un vistazo a la cama de Jaime y ve que no está. Fijándose en el ruido de la ducha, Pablo se imagina que Jaime ya se está preparando. Luego, viendo que Patricia todavía está profundamente dormida en su cama, Pablo abre las cortinas silenciosamente para dejar que la luz del sol entre por la ventana y vuelve a su propia habitación para hacer lo mismo. No quiere tener que decirles a las chicas que es hora de despertarse; prefiere que el sol de la mañana se lo diga. Después, él se mete en el baño para ducharse. Cuando termina en el baño, Talía y Yolanda ya están despiertas y vestidas, empacando la maleta mientras Patricia se está duchando y Jaime está esperando pacientemente sentado en su cama viendo el pronóstico de tiempo.

Nuestra historia continúa...

Pablo – Buen día, Jaime.

Jaime – Buenos días, Pablo. ¿Cómo amaneciste?

Pablo – Amanecí muy bien, gracias. ¿Qué tal dormiste?

Jaime – Dormí de maravilla, la verdad.

Pablo – A veces un cambio de ambiente vale mucho.

Jaime – Y las cómodas camas de los hoteles ayudan también.

Pablo – ¿Qué tiempo hará hoy?

Jaime – Va a hacer veinticinco grados Celsius, mucho sol y nada de viento.

Pablo – Así que un día típico del sur de California.

Jaime – Así es. Pues Nicolás me dijo esta mañana que la piscina está al aire libre, así que vamos a necesitar las gorras y bloqueador solar, y no sé si nadie lo trajo. Sé que yo no.

Pablo – Ah, qué bien que la competencia es al aire libre, porque, por lo general, no aguanto la humedad de las piscinas si no estoy nadando. Y con respecto al bloqueador solar, <u>espero que</u> una de las chicas lo <u>tenga</u>. Apuesto a que sí.

Mientras Pablo y Jaime siguen hablando, Patricia sale del baño, se seca el pelo con secador y se viste. Luego Talía y Yolanda entran con la maleta en mano, habiendo empacado todas sus cosas y las de Pablo. Pablo se lo agradece a las dos y les dice a todos que Nicolás ya está en el restaurante desayunando, probablemente con el resto de su equipo. Listos con todas sus cosas, todos se dan cuenta de que es hora de salir a desayunar, ya que son las 7:30. Los cinco se llevan todas sus cosas afuera y las guardan en el coche de Yolanda. Después, regresan a la recepción del hotel para dejar las llaves y pagar la cuenta. Por último, van al restaurante para desayunar y platicar de los planes para el día.

Yolanda – No veo a los nadadores. Ya deben de haber salido.

Patricia – Ya los <u>veremos</u> pronto.

Pablo – Jaime dice que la piscina está al aire libre.

Talía – ¡Genial! No soy muy aficionada de las piscinas porque apestan a causa del cloro y otros químicos que le echan al agua. Pero si estamos a la intemperie, no vamos a oler nada excepto el aire del mar.

Pablo – Pero hay un problemita. ¿Alguien trajo bloqueador de sol?

Yolanda – Yo sí. Siempre lo tengo en mi coche por si acaso.

<u>Para que</u> no todo el mundo la <u>oiga</u>, Patricia susurra al oído de Talía.

Patricia – Oye, ahora es tu chance de preguntarle a Nicolás si él <u>quiere que</u> le <u>pongas</u> bloqueador.

Los chicos siguen susurrando...

110

Jaime – ¿Qué plan es este? No están guardando secretos, ¿verdad?

Patricia – No, no es ningún secreto. Solo que no quiero que todo el mundo nos oiga.

Jaime – Pues ¿de qué se trata?

Patricia – Es que fue algo que discutimos medio en broma el domingo pasado cuando estábamos en la playa.

Jaime – ¿Qué cosa? ¿Cuándo? Me parece que **hay gato encerrado**.

Patricia – Pues cuando Talía, Yoli y yo estábamos jugando a las cartas y Uds. tres estaban jugando al disco, vimos que Nicolás se estaba quemando, aunque ya se había puesto crema solar. Así que yo le puse un poco más. Luego, Talía quería saber cómo averiguar si le gustaba a Nicolás o no y le dije que podía ofrecer ponerle más crema a Nicolás para ver cómo reaccionaba.

Jaime – ¿Y, cómo salió?

Patricia – Bueno, al final, no tuvo su chance porque empezó a llover.

Pablo – ¡Qué manipuladoras son!

Yolanda – ¿Manipuladoras? Quizá. Pero dime, ¿de quién fue el plan de jugar al fútbol "chicas contra chicos"? Yo sé que Uds. tenían su propio plan manipulador.

Jaime – Yo quería jugar con Uds., pero fue Pablo el que dijo lo de "chicos contra chicas".

Pablo – ¡Mentiroso! Ja, ja, ja.

Yolanda – Allí está, todos somos "manipuladores" pero Uds. también son hipócritas.

Jaime – Oye, no me incluyas a mí.

Pablo – Vale, vale, me has cachado, Yoli.

Los chicos vuelven a hablar en voz alta y se dan cuenta de que están perdiendo demasiado tiempo hablando y que tienen que enfocarse.

Patricia – Bueno, un coqueteo inocente no tiene nada de malo, pero perder nuestra chance de aprovechar el bufé de desayuno antes de la competencia sí tiene mucho de malo.

Talía – Ya está, chicos. A comer, vengan.

Los chicos pasan por el bufé y aprovechan la variedad que hay: los panqueques y *wafles* con jarabe de arce; huevos revueltos; tortas de huevo con jamón, espinacas y queso *cheddar*; múltiples cereales con leche entera o leche descremada; y muchos diferentes panes dulces. Los chicos engullen su desayuno y cada quien regresa por un segundo plato. Al fin, acaban llenos y a todos les duele el estómago, pero piensan que ha valido la pena porque están de vacaciones. Antes de salir, todos contribuyen a una buena propina y se apuran para llegar a la piscina antes de las 8:30, pero todavía no saben exactamente dónde está ubicada. Jaime ayuda a Yolanda a navegar y llegan sin problema. Todos se ponen sus gafas de sol y sus gorras y Yolanda se lleva su bloqueador de sol. En la puerta, le muestran sus credenciales universitarias a la voluntaria que está de cajera y le pagan la entrada descontada. Al entrar, ven que hay muchos nadadores y nadadoras hablando con sus entrenadores, pero no hay muchos hinchas en la gradería de metal.

Patricia – ¡Vaya! Podemos escoger cualquier asiento, que no hay
        muchos *fans* todavía.
Pablo – Bueno, ¿por qué no nos sentamos en el centro de enfrente?
Talía – Perfecto. Vamos.

Los chicos se sientan en las gradas y ven a muchos atletas por todas partes estirándose y haciendo varios ejercicios de calentamiento, pero no ven a Nicolás todavía.

Talía – ¿Cuántas universidades hay aquí para competir? Solo veo
        camisas de San Diego y de Santa Bárbara.
Pablo – Solo hay dos. La mayoría de las competencias son entre dos
        universidades. Hay "invitacionales" con más, pero creo que
        son durante dos o tres días.
Talía – Ah, no lo sabía. Nunca he visto ninguna competencia de
        natación en vivo. Solo las he visto en la tele como durante los
        Juegos Olímpicos.
Yolanda – Es mi primera vez también.
Patricia – Allí está Nicolás. NICOLÁÁÁS. No sé si me oyó.
        NICOLÁÁÁÁS. Ya me vio. VEN ACÁ. Bien, ya viene.

Nicolás – Hola, chicos. ¿Qué tal les fue el desayuno? Patri, ¿qué tal estuvieron los chilaquiles?

Patricia – ¡¿Qué?! ¿Había chilaquiles? ¿Dónde? No los vi.

Nicolás – Naaaaaaaah, estoy bromeando. No había chilaquiles.

Patricia – Ay, chico, qué bromista.

Talía – Oye, guapo chistoso.

Nicolás – A tus órdenes.

Talía – Yoli ha traído bloqueador y no quiero que tú te quemes después de lo de la playa. ¿Quieres que yo te ponga un poco?

Nicolás – Mil gracias, Talía. Me gustaría, pero no permiten que llevemos bloqueador en el agua, para que no la contaminemos.

Talía – Ay, chico, sigues bromeando.

Nicolás – No lo digo en broma. Es una regla de la universidad. Es parte de su plan de acción de conservar agua a causa de la sequía perpetua que tenemos aquí en California.

Patricia – Pero te vas a quemar, cariño.

Nicolás – Por eso llevo puesta esta camisa de manga larga. Me la voy a quitar antes de mis pruebas y volver a ponérmela después.

Jaime – Ah, por eso todos llevan puestas las camisas cuando están fuera del agua.

Yolanda – Así que no vamos a ver a los nadadores andando por todas partes presumiendo tan solo en sus bañadores apretados. Qué desilusión. Ja, ja, ja.

Jaime – Estoy de acuerdo.

Nicolás – Oigan, cómprense un mapa y ubíquense, ¿eh? Es una competencia de natación y clavadismo, no un concurso de bañador.

Yolanda – Ay, mil disculpas, Nicolás. Tienes razón.

Nicolás – Naaaaaaaah, estoy bromeando. Si quieren vernos en nuestros bañadores marcahuevos, me da igual.

Talía – ¡¿Bañadores marcahuevos?! Ja, ja, ja.

Nicolás – Sí, así es cómo Rafa los llama. Van a ver que él dice cosas muy diferentes.

Jaime – A propósito, ¿dónde está Rafa?

Nicolás – Debe de estar por aquí porque nos toca nuestro relevo en unos minutos.

Yolanda – ¿La primera prueba les toca a Uds.?

Nicolás – Bueno, la primera prueba es un relevo de 4 por 50 yardas. Siempre les toca a las mujeres primero, y luego nos toca a los hombres la misma prueba.

Yolanda – ¿Cómo es el relevo?

Nicolás – "4 por 50" significa que hay cuatro nadadores y cada cual nada un turno de cincuenta yardas. Como la piscina mide veinticinco yardas de un extremo al otro, un turno de cincuenta yardas significa dar una vuelta completa.

Talía – ¿Y todos nadan libre o de diferentes estilos?

Nicolás – Verás... Cada quien tiene que nadar diferente estilo. Al primero le toca el estilo "de espalda" porque hay que empezarlo en el agua. Él da una vuelta completa y cuando toca la pared, el segundo, quien está esperándolo en la plataforma, hace clavado al agua y le toca el segundo estilo, el "de pecho". Al tercero le toca el "de mariposa" y al cuarto le toca el estilo "libre".

Talía – ¿Qué estilo nadas tú?

Nicolás – A mí me toca el "de mariposa", así que soy el tercero.

Pablo – Nicolás, tu entrenador te está llamando.

Nicolás – Bueno, supongo que son las 9:00. Deséenme suerte.

Patricia – ¡Buena suerte, chico!

Jaime – ¡Buena suerte, hombre!

Talía – ¡Échale ganas, Nicolás!

La competencia oficialmente comienza y los cinco amigos miran al equipo de relevo de Nicolás nadar mientras los animan a gritos. En cuestión de dos minutos, la prueba se acaba y el equipo de Nicolás triunfa. Mientras su equipo habla con su entrenador, los demás empiezan a comentar sobre la experiencia.

Talía – ¡Qué emoción!

Patricia – Sí, es que nadan tan rápidamente.

Yolanda – Se parecen a los delfines.

Talía – Me encantan los delfines.

Pablo – ¿Te refieres a los nadadores o a los delfines de verdad? Ja, ja, ja.

Talía – Chico, hablo en serio. En Nueva York, hay muchas islas y muchos ríos y, claro, el mar. Cuando yo era niña, mis padres y yo íbamos a diferentes lugares para tratar de ver los delfines. A veces veíamos una vaina de delfines, y a veces veíamos otros mamíferos acuáticos como las ballenas o focas.

Pablo – ¿Qué tipos de ballenas has visto, Talía?

Talía – No soy bióloga, pero mi papá dice que los tipos que vemos allí son ballenas azules, ballenas jorobadas y cachalotes.

Yolanda – He ido al acuario para ver los espectáculos de delfines y orcas, pero después de leer más sobre sus prácticas, ahora no puedo soportar que mantengan a los animales salvajes en cautiverio. Me gustaría verlos en lo salvaje.

Patricia – Yo tampoco puedo soportar esas prácticas. Lo bueno es que aquí mismo, por la costa de California, podemos ver delfines, ballenas, focas, leones marinos, morsas, tiburones, tortugas marinas...

Jaime – Sí, y el mejor lugar para verlos es la Reserva Estatal, cuya misión es conservar no solamente la vida marina, sino también los hábitats y ecosistemas de los animales y plantas como las cuevas submarinas y arrecifes.

Pablo – Hay muchas aves también por la costa.

Talía – ¿Qué aves hay por aquí?

Pablo – A ver, hay cóndores y son magníficos. Pero también hay patos y gansos, colibríes, gaviotas... ayúdame, Jaime. Tú sabes más que yo.

Jaime – Hay muchas diferentes rapaces como halcones, águilas y búhos. También hay pájaros carpinteros.

Yolanda – ¿No es interesante cuántos diferentes animales ves cuando vas a un nuevo lugar?

Pablo – Sí, cuando vine a California para estudiar hace un año y medio, ver a los animales marinos era una experiencia completamente nueva para mí, porque nunca los había visto excepto en los acuarios.

Yolanda – ¿Qué animales exóticos tienen en Denver?

Jaime – ¿Quieres decir, además de a Pablo? Ja, ja, ja.

Pablo – ¡Qué risa, Jaime! Bueno, Denver no tiene nada exótico, solo mapaches en los basureros y ardillas por todas partes, pero la ciudad está ubicada a una hora de las Grandes Montañas Rocosas y hay muchos bosques y parques estatales y nacionales cercanos donde viven muchos animales salvajes.

Yolanda – Pues ¿qué animales salvajes hay en las montañas allí?

Pablo – A ver, hay muchos alces y venados, castores, osos negros, pumas, zorros, coyotes, zorrillos...

Yolanda – Ay, ¡cuánto apestan los zorrillos!

Pablo – A mí me gusta el olor.

Yolanda – Pooor favooor.

Pablo – En serio. No sé por qué, pero no me molesta.

Yolanda – ¿Hay glotones en Colorado?

Pablo – No que yo sepa, pero sí hay tejones, y son muy parecidos.

Yolanda – ¿Qué tal lobos?

Pablo – Nunca he visto ninguno, pero, según dicen, se están reestableciendo naturalmente poquito a poco.

Talía – ¿Qué más hay en Colorado?

Pablo – Hay muchos insectos y arácnidos, pero a mí no me interesan.

Talía – No me gustan nada los bichos.

Pablo – ¿No te gustan las viudas negras o los milpiés? Ja, ja, ja.

Talía – Ay, me da piel de gallina nomás al pensarlo.

Patricia – ¿No quieres sujetar una tarántula en la mano o en la cabeza?

Talía – ¡Ni de chiste! Y no quiero encontrarme con ningún animal venenoso.

Pablo – Pues en Colorado, hay que tener mucho cuidado de las arañas reclusas pardas y las viudas negras.

Talía – ¿Hay serpientes allí?

Pablo – Sí, hay muchas serpientes, incluso las culebras de cascabel, pero normalmente las oyes claramente mucho antes de verlas.

Patricia – Las montañas de Colorado se parecen mucho a las montañas al norte de aquí, entre California y Nevada.

Jaime – Yoli, tú eres de Nevada, ¿verdad?

Yolanda – Sí, pero de Las Vegas, la ciudad más grande del estado. Reno es la segunda ciudad más grande y queda muy cerca de montañas con bosques muy frondosos. Las montañas cerca de Las Vegas son desérticas y no hay muchos animales salvajes, ni tampoco muchas plantas silvestres en el desierto. Si buscas ver coyotes, culebras, tarántulas o cactus, pues el sur de Nevada es un sitio perfecto.

Patricia – ¿Tienen alacranes allí?

Talía – ¡Ay, por dios! Los alacranes me dan mucho miedo.

Yolanda – Oh, sí, hay alacranes, pero no tantos como en Texas. Cuando yo tenía catorce años, fui a acampar con una amiga y su familia y aprendí que tienes que colgar tus botas boca abajo en la noche para que los alacranes no entren y te den una sorpresa cuando te las pongas.

Los cinco amigos se han dejado llevar hablando de todos los animales y se han olvidado por completo de la competencia de natación. Nicolás los saluda junto con su amigo Rafael y es cuando los demás se ubican.

Nicolás – Hola, chicos. ¿Nos vieron nadar el relevo?

Pablo – Hola, hombre, sí, los vimos. ¡Felicidades por su victoria!

Nicolás – Bueno, ganamos gracias a Rafa. Es nuestro nadador más rápido y fuerte.

Rafael – No lo creáis, ¿eh? Nuestro Nicolás es un *crack*, y demasiado modesto.

Jaime – Rafa, nos conocimos en el café el otro día, ¿no?

Rafael – Ah, sí, tienes razón. Me parecías familiar. Encantado de verte, tío. Pero parece que no os conozco a todos vosotros.

Nicolás – Ah, ¡qué maleducado soy! Rafa, te presento a todos.

Nicolás les presenta a Rafael. Rafael y los hombres se dan la mano, pero Rafael les da dos besitos a las chicas, uno en cada mejilla. Ellas están acostumbradas a un besito en la mejilla derecha, pero el segundo, en la mejilla izquierda, las toma por sorpresa.

Nicolás – Este es mi mejor amigo, Pablo.

Rafael – Mucho gusto, tío.

Pablo – Igualmente.

Nicolás – Ya conoces a Jaime.

Jaime – Encantado de conocerte.

Rafael – Lo mismo digo.

Nicolás – Esta es mi muy buena amiga, Patricia. Pablo y Jaime viven con ella.

Rafael – Mucho gusto.

Patricia – El gusto es mío. ¡Uuh, dos besos! ¡Qué europeo!

Rafael – Perdonad, así saludamos los españoles. ¿Os molesta?

Patricia – No, nomás me sorprendió. Me parece muy caballero.

Rafael – Vale, vale.

Nicolás – Y te presento a Yolanda.

Rafael – Encantado.

Yolanda – Igualmente.

Nicolás – Y, esta es Talía.

Rafael – Ah, la famosa Talía. Estoy muy encantado de conocerte.

Talía – Lo mismo digo. Espero que Nicolás solo te diga cosas positivas.

Rafael – Según Nicolás, no hay nada negativo para decir.

Talía – Muchas gracias.

Rafael – Ya que os conozco a todos... ¿habéis dicho que nos habéis visto en el relevo?

Patricia – Sí, los vimos vencer al otro equipo.

Rafael – ¿Os ha gustado?

Jaime – Sí, nos gustó muchísimo.

Rafael – ¿Es la primera vez que habéis visto una competencia de natación?

Yolanda – Para mí y para Talía, sí, pero creo que Patri, Pablo y Jaime ya han visto unas cuantas.

Rafael – Mola cantidad, ¿eh?

Talía – Sí, nos estamos divirtiendo mucho.

Rafael – ¿Sois todos estudiantes de nuestra universidad?

Jaime – Sí. ¿En qué año estás, Rafa?

Rafael – En mi tercero. ¿Y tú?

Jaime – En nomás mi primero.

Rafael – ¡Qué guay! Tienes mucho tiempo para divertirte. Aprovéchalo porque el tiempo va volando. Y si necesitas alguna ayuda en algo, como para escoger una especialización o no sé qué, pues llámame y podemos salir a por una cerveza. Nicolás te puede dar mi número.

Jaime – Muy amable. Muchas gracias. Seguro que te llamo, pero no tomo alcohol.

Rafael – De nada, tío. Y no te preocupes, que yo tampoco bebo alcohol. Lo de beber "una cerveza" es solo una expresión.

Jaime – Ah, muy bien. Pues entonces vamos a tomar "una cerveza" un día de estos.

Rafael – Me encantaría, tío. Bueno, ¿y en qué años estáis todos vosotros?

Pablo – Patri está en su tercer año, pero los demás estamos en el segundo.

Rafael – ¡Qué guay! Bueno, mucho gusto en conoceros. Nicolás y yo tenemos que volver a animar a nuestros compañeros de equipo. Nuestro entrenador se pone de mala leche si no apoyamos a los demás. Si tenéis ganas más tarde, debéis ver a Nicolás hacer clavados. Él es muy buen clavadista y es muy chulo verle. Deseadnos suerte.

Pablo – Adiós, chicos.

Jaime – Buena suerte, chicos.

Patricia – ¡Buena suerte!

Nuestra historia continuará...

Capítulo 24

Cuentos de hadas

Nicolás y Rafael vuelven a participar en las pruebas del día para animar a sus compañeros de equipo. Los demás amigos vuelven a perderse en los azares de la conversación.

Nuestra historia continúa...

Talía – Yoli. Te equivocaste.

Yolanda – ¿Cuándo?

Talía – Hace rato... cuando dijiste que los nadadores se parecían a los delfines.

Yolanda – ¿No crees que se parecen?

Talía – No, no creo que se <u>parezcan</u> a los delfines. Los delfines tienen más pelo en su cuerpo. Ja, ja, ja.

Yolanda – Bueno, pero no creo que los delfines <u>tengan</u> pelo.

Talía – Aun así, creo que los nadadores tienen menos.

Jaime – Creo que se parecen a los elfos de una historia de fantasía.

Pablo – Si ellos son los elfos de la historia, yo soy el gnomo.

Jaime – Y si tú eres el gnomo, yo soy el ogro de la historia.

Patricia – No, cariño, eres el gigante, no el ogro.

Pablo – Ay, gracias, Patri. Dije que yo era el gnomo y no me contradijiste a mí.

Patricia – Pues en esta historia, las hadas no pueden contradecir a los gnomos.

Pablo – Bueno, entonces en esta historia, los gnomos sacrifican a las hadas como tributo a sus dioses.

Talía – No creo que los gnomos <u>hagan</u> sacrificios rituales. Creo que solo viajan por todo el mundo sacándose fotos en diferentes lugares, como en esa película francesa.

Pablo – No puedes comprobar que los gnomos no <u>sacrifiquen</u> a las hadas, ¿verdad?

Talía – Tienes razón, Pablo, pero tampoco puedo comprobar que tú no _seas_ un extraterrestre de otra galaxia.

Pablo – ¡Exacto! Y no hay ningún testigo, así que tampoco puedes comprobar que sí.

Jaime – ¿Qué piensan Uds. de esas leyendas de aterrizajes de extraterrestres, como en Roswell, Nuevo México? ¿Creen que son ciertas?

Yolanda – Yo no creo que _hayan_ encontrado a ningún marciano aquí en este planeta, pero me es muy divertido especularlo.

Patricia – ¿No crees que _sea_ posible que extraterrestres de otras galaxias _lleguen_ aquí, o no crees que _existan_?

Yolanda – Bueno, a mí me fascina el espacio sideral, pero, que nosotros _sepamos_, aunque _haya_ extraterrestres inteligentes allá fuera, no es posible que ellos _lleguen_ de galaxias distantes. Es que es imposible viajar tanta distancia en toda la vida.

Jaime – Pero dijiste "que nosotros _sepamos_". ¿Qué tal si los extraterrestres son una civilización peregrina viajando en una nave espacial gigantesca? Puede que _estén_ en una travesía multigeneracional recorriendo toda la galaxia en busca de un planeta habitable con todo el tiempo del universo.

Patricia – Y si vuelan a la velocidad de la luz, no pueden envejecer.

Yolanda – Bueno, en teoría, sí, todo eso es posible, pero lo dudo. Al igual que el supuesto aterrizaje en Roswell, el dizque "Área 51" en el desierto de Nevada crea mucha especulación.

Talía – No he oído hablar del "Área 51".

Yolanda – ¿En serio? Sí, es una base militar o algo así y cada año hay testigos que reportan ver ovnis volar por encima o luces misteriosas que se emiten de allí y otros misterios y fenómenos. Muchos creen que es donde el gobierno federal hace experimentos con extraterrestres mientras que otros creen que hacen experimentos militares.

Jaime – ¿Y qué crees tú, Yoli? ¿Crees que _haya_ un complot gubernamental?

Yolanda – Yo no sé ni siquiera que <u>haya</u> una base allí, mucho menos
que <u>hagan</u> experimentos, pero si es así, que hay una base
y sí hacen experimentos, me imagino que hacen
experimentos de tecnología, posiblemente militares, pero
no creo en los extraterrestres.

Talía – ¿Alguien ha visto las enormes piedras de *Stonehenge*, en
Inglaterra? Algunos especulan que son estructuras
extraterrestres o de una antigua civilización de gigantes.

Patricia – Yo nunca he ido, pero Nicolás sí. También él ha visto las
esculturas de cabezas grandes en la Isla de Pascua en
Chile. Tendrás que preguntarle la próxima vez que <u>salgas</u>
con él, Talía.

Talía – ¿Quién ha dicho que voy a salir otra vez con él?

Patricia – No me hagas reír, chica. No hay duda de que vas a salir
con él otra vez. Todos vemos cómo coqueteas con él.

Talía – Bueno, tienes razón. Ji, ji, ji.

Pablo – ¿Qué tal si buscamos a Nicolás para averiguar cuándo es su
turno de clavadismo?

Yolanda – Está bien, pero tengo que buscar el baño, primero.

Jaime – Creo que todos lo tenemos que buscar.

Los chicos se levantan de sus asientos y van en busca de los baños y
luego se reúnen con Rafael para ver a Nicolás competir en su prueba
de clavadismo. Después de verlo hacer sus clavados, Yolanda dice
que está más convencida que nunca de que Nicolás fue un delfín en
su vida anterior. Los demás comentan que creen que Yolanda se ha
vuelto loca. Junto con Rafael, siguen así, divirtiéndose y bromeando
los unos con los otros y los cinco amigos se quedan fascinados por el
acento y forma de hablar de Rafael. Ellos llevan todas sus vidas
viviendo en los Estados Unidos y tienen historias familiares largas
allí también. Por sus historias, los amigos tienen dialectos bastante
parecidos, pero el dialecto de Rafael —su acento castellano, su
vocabulario, su uso de "vosotros" y su uso de "le" como pronombre
de complemento directo de persona masculina— les parece de otro
mundo. No es que no <u>hayan</u> oído todo eso en la tele, sino que
conversar directamente con él les fascina mucho. Más que nadie
Jaime está encantado. Él no cree en cuentos de hadas, pero nunca

había conocido a ningún hombre tan atractivo, tan interesante, tan distinto. Y le parece a Jaime, al igual que a todo el grupo, que Jaime atrae a Rafael.

Patricia – Parece que la competencia se está terminando. ¿Les
　　　　　apetece tomar un cafecito?
Jaime – Yo tengo un poco de hambre.
Pablo – ¿Por qué no buscamos un café o restaurante para comer un
　　　　poquito antes de regresar?
Talía – Me parece genial. ¿Yoli?
Yolanda – Sí, ¿por qué no?

Sabiendo que el equipo de natación y clavadismo tiene que regresar a San Diego en autobús, todos se despiden de Nicolás y de Rafael, pero antes, hacen planes para reunirse en la casa de Pablo, Jaime y Patricia a las 8:00 de la noche. Así les da suficiente tiempo a todos a que <u>coman</u> y se <u>duchen</u>, si quieren, antes de reunirse. Sintiendo que todos se llevan muy bien con Rafael, Patricia lo invita a que <u>venga</u> con Nicolás y él acepta.

Los cinco salen de la piscina, se suben al coche y se dirigen al restaurante más cercano. Allí, todos comen y beben a su gusto y se meten de nuevo en conversación sobre los fenómenos y misterios tales como el Triángulo de las Bermudas, los eclipses, y las auroras boreal y austral. Inevitablemente, la conversación lleva a los signos del Zodiaco e incluso hasta las leyendas urbanas tales como el dizque "chupacabras" y "la Llorona". Comentan que están agradecidos de que todavía <u>haga</u> sol porque los cuentos así les dan escalofríos en la noche.

Yolanda nota que, aunque no es de noche todavía, el sol se pondrá en camino y por eso deben marcharse. Así que, después de un día largo de conversación divertida, emocionantes pruebas acuáticas y hacer un nuevo amigo, los cinco amigos están ya listos para emprender el largo recorrido de vuelta por la carretera a San Diego. Saben que la noche caerá pronto, pero lo que no saben es que la noche les traerá eventos inexplicables, figuras desconocidas y confesiones.

Yolanda – Vamos, chicos, tenemos un recorrido largo por delante y el sol se pondrá pronto.

Talía – Sí, no me gusta que el sol se ponga tan temprano en estos días.

Yolanda – Ni a mí, especialmente porque no me gusta manejar en las tinieblas.

Pablo – ¿Quieres que yo conduzca, Yoli?

Yolanda – ¿No te molesta?

Pablo – Para nada.

Yolanda – Bueno, muchas gracias, cariño.

Pablo – Con mucho gusto.

Yolanda le pasa sus llaves y Pablo se mete enfrente para conducir. Jaime se mete enfrente como pasajero, y Talía, Yolanda y Patricia se suben al asiento de atrás.

Pablo – ¡Abróchense, chicos!

Patricia – Siempre, cariño.

Pablo – ¿Quieren que ponga música?

Patricia – Si no les molesta a Uds., a mí me encantaría tener un poco de silencio.

Jaime – No vas a dormirte, ¿verdad?

Patricia – No, es que me estoy sintiendo un poco agotada por todos los eventos del día y me gustaría tener un poco de tiempo para descansar y tranquilizarme.

Talía – A mí me parece perfecto. Yo también estoy un poco cansada.

Yolanda – Sí, a mí también me apetece un rato de silencio. Gracias de nuevo, Pablo, por manejar.

Pablo – Por nada, Yoli. Uds. relájense y descansen.

Pablo conduce el coche de Yolanda mientras Jaime lo ayuda a navegar hasta la carretera y, desde allí, Pablo ya conoce la ruta a casa. Yolanda, Talía y Patricia cierran los ojos con la intención de descansar un poco, pero, en cuestión de quince minutos, las tres se quedan dormidas. Jaime se mantiene despierto por más de una hora, dándole compañía a Pablo, pero, cuando anochece, le entra un sueño irresistible y por más que <u>intente</u> luchar por no cerrar los ojos, las ganas de entregarse al sueño lo vencen.

Cargando la responsabilidad de llevar a sus amigos a casa sanos y salvos, Pablo siente una ola de energía y no tiene nada de sueño. Se fija en la carretera y se mantiene alerta. Viendo que los demás están durmiendo, Pablo prende la radio y empieza a tararear con la música. Después de un rato, sin que <u>haya</u> nadie con quien platicar, él empieza a dialogar consigo mismo, murmurando sobre cada pensamiento que le entra en la cabeza.

Pablo – Cuentos de hadas. ¿Por qué no hay cuentos de gnomos?
Pablo – No hay cuentos de gnomos porque son tan bajos que nadie
        se fija en ellos.
Pablo – Pero las hadas son más pequeñas que los gnomos.
Pablo – Sí, pero las hadas pueden volar, así que puedes verlas
        zumbar por todas partes como las libélulas.
Pablo – Si zumbar como las libélulas fascina tanto, ¿por qué no he
        leído ningún cuento de libélulas?
Pablo – Libélulas. Libélulas. Luciérnagas. Libérnagas. Luciérlulas.
        Luzbélnagas. Lubiérzagas. Libérzulas.
Pablo – Parece que hay alguien a lo lejos, caminando por la
        carretera.
Pablo – Quizá se le acabó la gasolina.
Pablo – Pero no hemos visto ningún coche estacionado en el arcén
        al lado de la carretera.

Pablo se queda perplejo, sin entender por qué hay alguien, una figura, caminando por la carretera. Pensando que tiene que estar alucinando, baja la velocidad y trata de despertar a Jaime para ver si él puede corroborar lo que está viendo. Jaime se despierta justo cuando Pablo adelanta a la figura. Pablo la mira directamente a los ojos y la figura, una mujer, le devuelve la mirada a Pablo.

Pablo – ¡No manches! Dime que la has visto, Jaime.
Jaime – Que si he visto ¿qué?
Pablo – No "qué". ¡A "quién"!

Jaime – Lo siento, Pablo. No he visto a nadie.

Pablo – Había una mujer, o una aparición, caminando por la carretera.

Jaime – ¿Estás seguro de que no estás alucinando?

Pablo – Llevaba un vestido y una gorra blancos, y parecía que estaba buscando algo. La miré directamente a los ojos y ella me miró a mí. Creo que ella quiere que yo la lleve a algún lugar. Hay demasiado tráfico como para dar marcha atrás. Voy a tener que dar media vuelta para ver si ella necesita ayuda.

Jaime – Dudo que haya una mujer caminando sola por la carretera en plena oscuridad pidiendo aventón. No es lógico, a menos que hayas visto un carro estacionado por el arcén.

Pablo toma la próxima salida y da media vuelta para tratar de volver al sitio donde vio a la figura. Yendo en sentido opuesto, echa un vistazo hacia donde piensa que fue, pero no ve a nadie. En la salida siguiente, da media vuelta de nuevo y vuelve a pasar por el sitio. Jaime está vigilando atentamente para ver si ve algo, pero no hay nadie. Todo el alboroto entre Pablo y Jaime despierta a las chicas.

Pablo – No puede ser. Sé que vi a una mujer o el fantasma de una mujer caminando por la carretera.

Patricia – ¿Todo está bien, chicos?

Jaime – Pablo cree que ha visto una aparición o algo.

Pablo – No lo creo. Lo sé.

Patricia – Por casualidad, ¿fue una mujer?

Pablo – Sí, de como cincuenta años de edad.

Patricia – ¿Llevaba un vestido blanco y una gorra blanca?

Pablo – Sí, ¿cómo sabías?

Patricia – Según la leyenda, a mediados del siglo XX, cuando apenas habían construido esta carretera por la costa, un señor de media edad manejaba por aquí con su esposa. Era de noche, una semana antes de la Navidad y los dos estaban discutiendo y peleando sobre alguna bronca que él tenía con sus suegros. De repente, ella abrió la puerta y saltó del coche, el cual iba a toda velocidad. El señor paró y regresó al sitio donde ella había saltado, pero no la encontró.

Jaime – ¿Cómo que no la encontró?

Patricia – Ella simplemente había desaparecido.

Talía, Yolanda, Jaime y Pablo se quedan pasmados. Quieren saber más sobre la leyenda. Les parece increíble, pero la quieren creer.

Yolanda – ¿Crees que la leyenda es verdadera?

Patricia – Yo no sé. Según el reporte policíaco, entrevistaron al señor tres veces y la historia que él les contó a los detectives es la misma historia que yo les he contado a Uds. Y bien, según dice, los detectives que investigaban el incidente creían que era un caso de homicidio y que el señor había enterrado a su esposa aquí por la carretera. Por eso lo entrevistaron tantas veces, pero cada vez, el señor lo negaba. Resulta que, como no pudieron encontrar la sepultura donde el señor supuestamente la había enterrado, no había evidencia de ningún crimen.

Pablo – ¿Y la señora?

Patricia – Bueno, nadie sabe exactamente lo que pasó; solo tenemos la historia oficial, pero dicen que ella anda vagando por esta carretera en las tinieblas buscando a su esposo.

Pablo – Entonces sí he visto el fantasma de ella. ¿Ya ves, Jaime? Yo no estaba alucinando.

Talía – ¡Tengo piel de gallina!

Yolanda – ¡Yo también! No sé si voy a poder dormirme esta noche.

Jaime – Patri, ¿dices que es una leyenda local? ¿Por qué yo no había oído hablar de ella?

Pablo – Jaime, ella ha dicho que hay un reporte policíaco. Solo hace falta que lo busquemos en los archivos del condado o del estado.

Jaime – Mmmm, no sé si me lo creo. Patri, recuérdame, ¿dónde dijiste que oíste esa leyenda?

Patricia – Todo el mundo la conoce. Es de ese famoso libro de cuentos.

Pablo – ¿Qué famoso libro de cuentos?

Patricia – El famoso libro de "cuentos de libélulas". ¿O son de luciérnagas? ¿Libérnagas? ¿Luciérlulas? ¿Lubiérzagas?

Pablo – Aaay, Paaatri. ¡No estabas dormida!

Jaime – Chicos, ¿de qué están hablando?

Pablo – Patri ha inventado toda esa historia de la señora y todo. Fue pura mentira, ¿a que sí, Patri? Estabas despierta y me oíste describirle el fantasma a Jaime. Tú solo repetiste lo que yo había dicho.

Talía – ¡No me digas! ¿Lo inventaste todo, Patri? ¡Me espantaste!

Patricia – Lo niego todo... tres veces. Ja, ja, ja.

Yolanda – ¡Qué broma más cruel, Patri!

Jaime – Pues aun si Patri ha inventado toda la leyenda de la señora, eso no explica quién fue la mujer vestida de blanco que Pablo vio.

Nuestra historia continuará...

Capítulo 25

Historia familiar

Son las 7:10 de la noche del sábado. Pablo sigue manejando el coche de Yolanda y casi llegan de vuelta a San Diego. Pablo no puede creer que Patricia haya inventado toda una historia de fantasmas de la nada y su corazón sigue latiendo muy fuerte. Talía, Yolanda, Patricia y Jaime, quienes habían estado dormidos cuando Pablo tuvo su inexplicable experiencia con la figura de la carretera, no pueden creer que Pablo haya visto un fantasma de una mujer.

Nuestra historia continúa...

Pablo – Sé lo que vi, y aunque Patri haya inventado toda esa historia, no pretendo morirme de un infarto aquí en la carretera.

Yolanda – Siento mucho que te hayas espantado tanto, Pablo. ¿Prefieres que yo maneje?

Pablo – Gracias, pero creo que estaré bien; ahora solo quiero llegar a casa.

Talía – ¿Cuántos minutos nos quedan?

Patricia – Estamos cerca, entonces quizá nos quedan unos quince minutos.

Talía – *Okay*, tengo que usar el baño, pero no es urgente. Puedo esperar quince minutos.

Pablo y sus amigos llegan a casa sanos y salvos. Cuando entran en la casa, Leopoldo los saluda. Patricia saluda a Leopoldo y le da agua y comida. Mientras tanto, todos usan el baño y, como Pablo todavía se siente agitado y alterado por su experiencia en el coche, él se da un baño caliente para relajarse y calmarse. Pablo se baña durante un largo rato y empieza a sentirse un poco deshidratado por el calor del agua. Luego, él oye que Nicolás y Rafael han llegado y que todos están en la sala del primer piso, platicando y riéndose. Sintiendo demasiado calor, Pablo se preocupa de que vaya a desmayarse si no sale del baño pronto. Cuando sale del baño, pasa por su dormitorio y se pone el pijama y las pantuflas y baja al primer piso para unirse al grupo.

Pablo – ¿Dónde están Nicolás y Rafa?
Patricia – Dicen que van a llegar tarde. Su bus tuvo algún problema mecánico y se demoran.
Pablo – Estoy seguro de que los he oído hablar con Uds.
Patricia – Te lo imaginaste, cariño.
Pablo – ¡Es otro truco! Dime que estás tomándome el pelo.
Patricia – Te juro que no te estoy tomando el pelo. ¿Te sientes bien?
Pablo – No, no me siento nada bien.

Con el dorso de la mano, Patricia le siente la frente a Pablo y nota que está ardiendo.

Patricia – ¿Tienes calor?
Pablo – No, de hecho, tengo frío, pero creo que es por haberme bañado demasiado tiempo y ahora el aire está más fresco.
Patricia – Tengo un termómetro en mi baño. Ya vengo.
Yolanda – Tómate un vaso de agua. Aunque no tengas fiebre, es probable que estés deshidratado.
Pablo – Gracias, Yoli. Creo que tienes razón.

Patricia sube a su dormitorio y saca el termómetro que guarda en su baño y regresa a la sala con él. Patricia le pasa el termómetro por la frente de Pablo y dice...

Patricia – 99.3 grados *Fahrenheit*. Tienes una fiebre leve, pero no creo que sea grave. ¿Quieres que te prepare un tecito calientito?
Pablo – Sí, un té caliente de manzanilla me apetece mucho. Gracias.
Patricia – Con mucho gusto, cariño. ¿Le apetece a alguien más?
Talía – No, gracias, Patri.
Yolanda – A mí tampoco, gracias.
Jaime – Pablo, ¿te sientes suficientemente bien para bajar al sótano o necesitas que te ayude?

Pablo – Gracias, pero yo puedo solo.

Pablo, Jaime, Yolanda y Talía bajan al sótano para descansar y esperar a Nicolás y Rafael. Patricia prepara un té caliente para Pablo y otro para sí misma y luego baja al sótano.

Jaime – Nicolás me está texteando, diciendo que ya mero llegan.
Patricia – Dile que <u>entre</u> cuando <u>llegue</u>, que no quiero tener que subir para abrirles la puerta.
Jaime – Ya se lo dije.
Patricia – Bien, gracias. Pablo, acurrúcate en el sofá.
Yolanda – Sí, cariño, puedes acurrucarte conmigo en el sofá pequeño.
Pablo – Vale, gracias.
Jaime – Oigo la puerta.
Nicolás – Buenas, buenas...
Patricia – Pasen, chicos. Estamos aquí abajo en el sótano. Hay agua caliente si quieren un tecito.
Nicolás – Ah, muy bien, gracias.

Nicolás y Rafael entran y se preparan unas tazas de té antes de bajar al sótano. Cuando bajan, ven que Pablo está acostado en el sofá con su cabeza en el regazo de Yolanda.

Nicolás – Muy buenas noches, chicos.
Rafael – ¿Qué hay, chicos? ¿Cómo os ha ido?
Jaime – Nos ha ido bien, menos que Pablo está un poco...
Nicolás – ¿Cómo?
Talía – Vio una aparición caminando por la carretera cuando estábamos manejando de regreso a casa.
Rafael – ¿Como un fantasma?
Jaime – Sí, de una mujer.
Rafael – ¿Y solo Pablo la vio?
Patricia – Sí, los demás estábamos dormidos.
Jaime – Lo peor es que después, Patri nos espantó a todos con un cuento de fantasmas completamente inventado sobre una señora que embrujaba la carretera.

Rafael – ¿Cómo sabía que era el momento de contaros ese cuento si ella estaba dormida cuando Pablo vio al fantasma?

Jaime – Es que Pablo me despertó para decirme que había una mujer caminando por la carretera, pero no me desperté a tiempo y no la vi. Luego, Pablo me la describió y pensábamos que las tres chicas estaban todavía dormidas atrás, pero resulta que Patri ya se había despertado y nos oyó hablando. Luego, ella nos describió la ropa de la señora perfectamente bien. Ya que **nos tenía en ascuas**, ella inventó toda una historia de la nada sobre esta tal señora que había sido enterrada allí por su esposo. Y la creímos por completo.

Nicolás – Por casualidad, ¿manejaban por la carretera 1?

Patricia – Sí.

Nicolás – Y esa señora, ¿llevaba un vestido blanco?

Yolanda – Nicolás, no lo hagas. Ahora no es el momento oportuno para bromear más. Pablo ya está alterado.

Nicolás – No estoy bromeando. Pablo vio a una mujer y quiero saber si llevaba un vestido blanco.

Patricia – Parece que sí, con...

Nicolás – ¿Una gorra blanca también?

Talía – Nicolás, me estás espantando.

Nicolás – ¿Parecía que buscaba algo?

Rafael – Jo, tío, me estás asustando a mí también.

Pablo – Dime que estás bromeando, amigo.

Nicolás – Lamentablemente no estoy bromeando. Una pregunta más: ¿te pidió aventón?

Pablo – Tienes que explicarte. ¿Cómo sabías todo eso?

Nicolás – Es una leyenda local.

Talía – No y no, Nicolás. Patri ya intentó engañarnos así.

Nicolás – Puede que Patri <u>haya</u> inventado la historia suya, pero hay una leyenda de un fantasma de Nipoma Mesa que embruja la carretera 1, un poco más al norte de Santa Bárbara, pero he oído hablar de ella aun al sur de Los Ángeles.

Pablo – ¿Qué dice la leyenda?

Nicolás – Bueno, hay múltiples versiones de la historia, pero una
        versión es que un señor conducía su coche por la
        carretera, llevando a su mujer y a sus hijos. Tomó una
        curva demasiado rápidamente y se desvió de la carretera,
        terminando en un pantano. Solo la mujer sobrevivió al
        accidente y, desde entonces, embruja la carretera en
        busca de sus hijos muertos. Muchos reportan que ella pide
        aventón y si ellos paran para que ella se <u>suba</u> al coche, ella
        aun platica con los conductores, preguntando si han visto
        a sus hijos. Cuando, inevitablemente, le dicen que no, ella
        simplemente desaparece.
Rafael – Vaya, ¡qué pasada, Pablo! Has visto un verdadero
        fantasma. No me lo puedo creer.
Pablo – Bueno, la verdad, no es mi primera vez.
Yolanda – ¿En serio?

Pablo se sienta y se irgue para contar mejor el cuento con gestos
mientras Nicolás y Rafael se sientan en las sillas para ponerse más
cómodos. Todos escuchan atentamente la historia de Pablo.

Pablo – Sí, cuando me gradué de la prepa hace un año y medio, el
        regalo de graduación de mis padres fue una noche en el
        Hotel Stanley, un hotel embrujado en un pueblo en las
        montañas, como a dos horas de Denver. Y bien, hicimos
        la reservación para un viernes y, como fue un regalo,
        hicimos toda la experiencia, la cual incluía el dizque "*tour* de
        espíritus". Bueno, ni mis padres ni yo creíamos en fantasmas
        ni espíritus, pero, a medida que el guía del *tour* nos
        mostraba todos los pisos del hotel, la cocina, el comedor, la
        sala de baile, entre otros cuartos, empezaba a darnos piel
        de gallina. Hablaba de los incidentes y experiencias que
        inspiraron esa novela de ese autor famoso de libros de
        terror, y mis padres y yo empezábamos a creer. Todos
        sacábamos fotos durante el *tour* en espera de capturar una
        imagen de un fantasma.
Nicolás – No me digas que tienes una foto de un fantasma.

Pablo – Quisiera, pero no. Pues al final del *tour*, mis padres y yo habíamos sacado docenas de fotos. Cuando volvimos a la habitación donde íbamos a quedarnos, checamos nuestros teléfonos y todas las fotos habían salido mal. Eran de pura luz blanca. Foto tras foto, no habíamos capturado nada. Justo en ese entonces, oímos la voz de unas niñas diciendo al unísono, "no se permite sacar fotos". Yo abrí la puerta y no había nadie allí. Por el pasillo, lo oí de nuevo, "no se permite sacar fotos". Salí de la habitación, dejando atrás a mis padres, y seguí las voces, "no se permite sacar fotos". Al final del pasillo, como no había nadie, eché un vistazo atrás, hacia nuestra habitación, y vi a dos niñas gemelas de pie enfrente de nuestra puerta, donde mis padres estaban. Ellas me guiñaron un ojo, entraron en el cuarto y cerraron la puerta de golpe. Yo grité, "¡mamá, papá!" y corrí hacia la puerta. Cuando llegué, no podía entrar porque la puerta estaba cerrada con llave así que empecé a golpear a la puerta con mi mano, gritando, "¡mamá, papá, salgan de allí!". Después de unos segundos, mi mamá me abrió la puerta y empezó a regañarme por haber gritado, pero cuando me vio la cara y la mueca de miedo que yo le hacía, ella se calló. Les expliqué que gritaba porque había visto a dos niñas gemelas entrar en la habitación, pero me dijeron que nadie había entrado. Yo insistía en que sabía lo que había visto, pero al final, no me creían.

Rafael – Jo, tío, no puedo creer que <u>hayas</u> visto a las gemelas de esa película.

Talía – Yo tampoco. Esa película me dio pesadillas. No puedo imaginarme ver algo así en vivo.

Jaime – Yo tampoco lo puedo creer porque es pura mentira.

Talía – ¿Cómo sabes?

Yolanda – Ups, Pablo, nuestro detective te ha cachado. Ja, ja, ja.

Jaime – Primero, Pablo nos mostró a Patri y a mí sus fotos del *tour* de espíritus así que sé que no salieron mal. Segundo... ¿las dos gemelas hablaban español? ¡Qué risa me da!

Todos se habían preocupado por el bienestar de Pablo cuando tenía fiebre y se sentía alterado por su experiencia en la carretera, pero ahora se dan cuenta de que él debe de estarse sintiendo mejor y, como parece que había inventado todo ese cuento de fantasmas al igual que Patricia, al menos la parte sobre las gemelas, han perdido toda la simpatía que sentían hacia él.

Talía – Así que, Pablo y Patri, Uds. son igual de mentirosos. Por si no lo saben, El Día de las Brujas fue hace dos semanas.

Pablo – Sí, Jaime es demasiado listo. Sé que mi error grave fue cuando mencioné lo de las fotos, pero tenía que seguir con la historia. Es difícil inventar una historia buena en el momento.

Yolanda – Bueno, es porque eres una persona honesta.

Nicolás – Bueno, normalmente.

Rafael – Por lo visto, os gusta bromear los unos con los otros, pero os recomiendo que tengáis cuidado cuando habléis de cuentos de fantasmas.

Talía – ¿En qué sentido?

Rafael – Pues el año pasado, cuando empecé a trabajar de voluntario para el hospital, una de las primeras experiencias que tuve allí fue que un señor de edad avanzada ingresó en el hospital habiendo sufrido un ataque cardíaco. Según decía, la causa fue un cuento de fantasmas.

Pablo – *Okay*, ahora hemos llegado demasiado lejos con las mentiras.

Rafael – No, hombre, hablo en serio.

Patricia – Bueno, gracias a dios todos nosotros no tenemos problemas médicos graves.

Rafael – Es que nunca se sabe. Alguien puede tener una historia familiar de alguna afección y alguien que parezca tener buena salud acaba teniendo un problema genético, como una enfermedad cardíaca.

Yolanda – ¿Trabajas de voluntario en el hospital? ¿Eres estudiante de medicina?

Rafael – Sí, trabajo de voluntario en el hospital y también en la clínica gratis, pero no soy estudiante de medicina todavía.

Yolanda – Yo padezco asma y uno de mis desencadenantes es el estrés. A veces la gente a mi alrededor no entiende por qué estoy sufriendo una crisis asmática cuando no ven ningún desencadenante, como el ejercicio intenso.

Rafael – ¿Y siempre traes contigo un inhalador de rescate?

Yolanda – Sí, siempre. Si no en mi persona, entonces en mi bolsa o en mi carro.

Rafael – Qué bien. Soy alérgico a los plátanos y medicinas como el ibuprofeno y la aspirina, así que siempre traigo conmigo un inyector de epinefrina en caso de una crisis alérgica severa.

Jaime – ¿Has tenido que usarlo alguna vez?

Rafael – Sí, lo he tenido que usar unas cuantas veces. Después de inyectarme, tengo que tomar un antihistamínico. Si lo pillo muy pronto, basta con tomar un antihistamínico.

Talía – ¿Por qué tienes que tomar un antihistamínico si ya has usado tu inyector?

Rafael – Bueno, es que la inyección de epinefrina no es un antídoto. Solo permite que yo <u>pueda</u> tragar el antihistamínico. Pero si ya puedo tragar el antihistamínico, es posible que yo no <u>tenga</u> que inyectarme.

Talía – ¿Por qué no inyectarte siempre que <u>experimentes</u> la anafilaxia, por si acaso?

Rafael – Bueno, oficialmente, es exactamente lo que se debe hacer, en cada caso, pero duele un mogollón así que no me gusta inyectarme a menos que <u>tenga</u> que hacerlo.

Jaime – ¿Y luego de inyectarte y tomar el antihistamínico, estás bien?

Rafael – Ojalá, pero no. Si yo me inyecto, alguien tiene que llevarme a urgencias para que me <u>observen</u> y <u>miren</u> mis signos vitales y me <u>den</u> un esteroide si es necesario.

Patricia – ¿Cuándo fue la última vez que te inyectaste?

Rafael – De hecho, fue hace dos semanas en una fiesta. Yo había comprobado toda la comida y no había nada de plátano. Pero de todas formas, sentí que mi garganta se hinchaba y no podía respirar bien. Así que tuve que inyectarme y me llevaron a urgencias.

Talía – ¿Te dolía mucho?

Rafael – Sí, pero lo peor no fue la inyección misma, sino la vergüenza que me daba al entrar en el hospital donde trabajo de voluntario. Todos me reconocieron y temo que se burlen de mí.

Nicolás – Nadie allí se va a burlar de ti. Ellos son profesionales de medicina y saben que no es nada gracioso que padezcas una crisis alérgica. No puedo prometerte que los miembros del equipo de natación no vayan a burlarse de ti si ellos se enteran. Ja, ja, ja. Algunos pueden ser bastante crueles.

Yolanda – Al final, ¿descubrieron qué te ocasionó tu crisis alérgica?

Rafael – Sí, una vela con olor a pan de plátano.

Talía – Qué extraño. ¿Saben qué? Nunca he ingresado en el hospital.

Pablo – ¿Nunca?

Talía – No. ¿Tú sí?

Pablo – Oh, sí. Cuando yo tenía catorce años, estaba esquiando con un amigo y su familia y tuve una caída horrenda. Me quebré la clavícula y tres costillas y sostuve un pulmón colapsado.

Rafael – Eso se llama "neumotórax", creo.

Jaime – ¿Estás aprendiendo todo ese vocabulario médico en clase o trabajando de voluntario en la clínica y hospital?

Rafael – Aprendo algunas cosas trabajando en la clínica y en el hospital, pero más que nada, aprendo leyendo todos los libros que pueda. La entrada al programa de medicina es muy competitiva y quiero ser un *crack*, no un cualquiera.

Jaime – ¿Con qué trámites tienes que cumplir para poder aplicar?

Rafael – No estoy seguro de todos los trámites, pero hay que entregar una solicitud, aprobar un examen, cumplir con trescientas horas de voluntario con pacientes en una clínica o en un hospital, tener ciertas vacunas, y se recomienda tomar muchas clases de ciencias y matemáticas como química orgánica, bioquímica, física y cálculo. También hay que hacer una entrevista y después de todo eso, esperar y esperar más a que te acepten.

Jaime — ¿Cómo son tus horas de voluntario con pacientes? ¿Presencias las visitas médicas con doctoras o enfermeros o estás solo con los pacientes?

Rafael — Bueno, como no tengo ningún título médico, no puedo hacer ningún procedimiento ni nada de eso, pero puedo estar presente, con el permiso del paciente, cuando los asistentes médicos administran vacunas, o con los médicos cuando hacen procedimientos quirúrgicos pequeños como congelar una verruga o extirpar un lunar.

Patricia — ¿Y qué haces tú? ¿La doctora te dice, "bisturí" o "gasas" y tú se los das?

Rafael — No, eso es lo que hacen los asistentes médicos. Si es que estoy, es para ayudar a los pacientes. Por ejemplo, si no tienen a nadie que los <u>acompañe</u>, a veces basta con que yo les <u>sujete</u> la mano para que no <u>tengan</u> miedo. A veces les leo libros a los hijos de los pacientes durante un procedimiento para que los niños no <u>tengan</u> que esperar solos en la sala de espera y que los pacientes no <u>tengan</u> que preocuparse de sus hijos durante ese procedimiento. Así pueden concentrarse en sí mismos y en las instrucciones que les dan los médicos. Si los niños tienen un brazo roto, les firmo su escayola y les prometo que algún día mi autógrafo valdrá un mogollón. Ellos siempre piensan que la palabra "mogollón" es muy graciosa o, al menos, que mi acento castellano lo es. Si a los niños les toca una vacuna, o múltiples, a veces solo les guiño un ojo o les hago muecas graciosas para que <u>sonrían</u> y se <u>olviden</u> del dolor aun si solo es por un ratito.

Talía — En la piscina esta mañana, especulábamos y debatíamos de si eras delfín o elfo, pero ahora veo claramente que estábamos todos equivocados. Eres un ángel de verdad.

Rafael — Qué amable. Eres encantadora.

Patricia — ¿Qué tal tu inglés?

Nicolás — Rafael domina el inglés de verdad. De hecho, es cuatrilingüe.

Patricia — ¿Hablas cuatro idiomas?

Rafael – Sí, hablo español, obviamente, portugués, euskera e inglés.

Pablo – ¿Qué es euskera?

Rafael – Es el idioma de País Vasco, una comunidad autónoma al norte.

Yolanda – Es donde se sitúa la Catedral de Santiago de Compostela, ¿no?

Rafael – No, estás pensando en Galicia, pero ¿cómo sabes de esa catedral?

Yolanda – El padre de mi amiga recorrió el Camino de Santiago desde Pamplona hasta la Catedral de Santiago de Compostela. Nos mostró mil fotos y nos lo contó todo.

Rafael – Muy bien. Sí, es que es muy famoso, pero me extraña que sea tan popular aun en Estados Unidos. La mayoría no camina tanta distancia como tu amigo.

Yolanda – Lo sé, nos dijo eso también. Al final, sus pies estaban cubiertos de callos y ampollas. Gracias a dios no le dio ninguna infección.

Nicolás – Me estoy muriendo de hambre. ¿Qué les parece que pidamos unas *pizzas*?

Nuestra historia continuará...

Capítulo 26

¿Primer piso o planta baja?

Son las 9:00 de la noche del sábado, y Nicolás, Talía, Jaime, Patricia, Pablo, Yolanda y su nuevo amigo, Rafael, lo están pasando muy bien después de un día largo repleto de pruebas acuáticas; historias de gnomos y hadas; y espeluznantes cuentos de fantasmas. Están listos para relajarse, pero primero, toda la emoción les ha dado mucha hambre. Nicolás propone que pidan unas *pizzas*.

Nuestra historia continúa...

Nicolás – Me estoy muriendo de hambre. ¿Qué les parece que pidamos unas *pizzas*?
Rafael – A mí me apetece.
Patricia – ¿Nuestra pizzería favorita?
Pablo – Por supuesto.
Rafael – ¿Qué preferís?
Pablo – Todos saben que yo la prefiero de piña y jamón.
Yolanda – Muchos vegetales, porfis.
Patricia – Vamos a pedir dos grandes.
Talía – ¿Qué tal una de vegetales y otra de piña y jamón?
Nicolás – Vale, ahora llamo.

Los chicos piden sus *pizzas* y siguen hablando mientras esperan. Rafael nota la guitarra acústica en el rincón detrás del sofá y tiene curiosidad.

Rafael – ¿De quién es la guitarra?
Pablo – Mía.
Rafael – ¿Tocas en una banda?
Pablo – A veces, pero ando de solista más que nada. Mi papá me enseñó a tocar y él era solista. Me decía que con tan solo una guitarra, en tiempos difíciles, se podía animar y, en tiempos de dolor, se podía curar.

Patricia – Y Pablo nos ayuda a todos a curar los males de la vida y nos da envidia de la buena. Sus letras son de las más bonitas. Es un poeta de verdad.

Pablo – Es que he tenido buenas influencias. Desde mis primeras memorias, mi papá <u>tocaba</u> su guitarra en nuestra sala de estar. Yo <u>crecí</u> escuchándolo tocar y cantar. Le <u>encantaba</u> mucho la música costarricense, por sus papás, pero también <u>era</u> aficionado de la música colombiana y la cubana.

Rafael – ¿Y nadie más toca un instrumento aquí?

Talía – Yo no.

Nicolás – No, solo nuestro "Picasso".

Rafael – No <u>sabía</u> que "Picasso" <u>tocaba</u> la guitarra. Ja, ja, ja.

Yolanda – Bueno, ¿no hay ningún guitarrista famoso que se llame Pablo?

Patricia – Sí, hay uno cubano, y ¿a que no adivinas cómo se llama su canción que más le encanta a Pablo?

Yolanda – ¿Tiene una canción que se llama "Picasso"? Ja, ja, ja.

Patricia – No, se llama "Yolanda".

Presintiendo que Yolanda va a pedirle que cante esa canción, Pablo trata de cambiar de tema un poco.

Pablo – ¿Tocas tú un instrumento, Rafa?

Rafael – Sí, toco la batería, pero hace mucho tiempo que no la toco porque no conozco a nadie que tenga batería en su piso.

Nicolás – No sabía que tocabas, Rafa. Pablo tiene una batería allá fuera en el garaje.

Rafael – ¡Qué guay! ¿Me la muestras, Pablo?

Pablo – Sí, vamos. Chicos, ¿nos acompañan?

Yolanda – Cómo no.

Patricia – Mejor me quedo a esperar a que vengan las *pizzas*.

Jaime – Yo también me quedo ya que estoy demasiado cómodo.

Talía – Bueno, yo voy, que nunca he visto el interior del garaje.

Patricia – Diviértanse, chicos, pero no hagan demasiado ruido.

Pablo – Patri, si tú pagas las *pizzas*, te devolvemos la plata luego.

Patricia – De acuerdo.

Pablo, Nicolás, Rafael, Yolanda y Talía salen al garaje, pero Jaime y Patricia se quedan en el sótano. En el garaje, Pablo les muestra la batería que tienen allí y Rafael le da un poco, pero por la hora del día, no le da fuerte.

Rafael – ¿Por qué tenéis una batería si nadie la toca?

Pablo – Bueno, el año pasado, **un fulano** que yo conocía de las residencias estudiantiles quería formar una banda. Nadie tenía batería, ya que todos vivíamos en las residencias universitarias, así que todos contribuimos un poco de plata para comprarla. Para empezar, decidimos rentar un espacio en donde guardar la batería y ensayar, pero tuvimos que firmar un contrato de seis meses. Era nomás un garaje para abastecer cosas, pero lo llamábamos nuestro "estudio". Como yo era el único con llave, teníamos que coordinar todo el tiempo de ensayo. Todos nos comprometimos a ensayar cada domingo en la mañana por tres horas, pero aquel plan no tardó mucho tiempo en fallar. Como habíamos planeado el horario de antemano, pensé que nadie iba a tener ninguna excusa de no acudir todos los domingos. Yo estaba completamente equivocado. Cada vez, sin falta alguna, alguien tenía una excusa para no haber acudido, y esa excusa, por lo general, se trataba de una resaca y una noche en casa ajena. Pues Uds. pueden imaginarse cómo salió. Los menos leales y confiables eran los más quejones y empezaron a quejarse de tener que contribuir a la renta porque no aprovechaban el estudio tanto como los otros que estábamos más dedicados. Así que la banda rompió unas semanas antes de cumplir seis meses. Como el contrato del estudio estaba a punto de vencerse cuando la banda rompió, y había sido yo el que firmó el contrato y compró la batería, yo era responsable de arreglar todo. Yo no sabía qué hacer con la batería, pero sí sabía sin duda que no iba a pagar la renta de un estudio solo para guardar la batería allí. Fue pura coincidencia, pero es cuando Patri me invitó a vivir con ella.

Rafael – ¿Y trajiste la batería aquí contigo?

Pablo – Exactamente. Y desde entonces, he tenido batería sin baterista.

Rafael – ¡Cuánto mola tener esta cochera! Además de un nuevo "estudio" para cuando queráis formar otra banda, tenéis todo este espacio como taller también. Mirad cuántas herramientas y ferretería tenéis a vuestra disposición. ¿Hacéis proyectos aquí de vez en cuando?

Pablo – No, todo esto es del abuelo de Patri. Cuando <u>era</u> joven, él <u>construía</u> muebles de madera. Muchos de los muebles que tenemos en la casa son proyectos suyos.

Rafael – Como ¿cuáles?

Pablo – <u>Hizo</u> toda la estantería del sótano y el mueble de entretenimiento con el televisor y el estéreo y todo. También la cama, escritorio y silla de la habitación del sótano <u>fueron</u> proyectos suyos. Patri tiene en su habitación unos muebles que él <u>construyó</u> y todos los muebles y estantes de la oficina en el primer piso también <u>fueron</u> proyectos que él <u>hizo</u>.

Rafael – Me da mucha risa que vosotros aquí llaméis "primer piso" a la planta baja.

Pablo – ¿Tú dices "planta baja" al primer piso?

Rafael – Sí. En España, también en muchos países europeos, entramos de la calle a "la planta baja". Luego subimos para arriba por el ascensor o por las escaleras al primer piso. Siempre confunde a los americanos allí y me confunde a mí estando aquí.

Talía – <u>Dijiste</u>, "subimos para arriba". ¿No es redundante?

Rafael – Sí, pero todos lo decimos. También he notado que si queréis ir a recoger algo, vosotros vais "por" las cosas mientras que nosotros vamos "a por" las cosas.

Yolanda – Y claro que la diferencia más grande entre España y el resto del mundo hispanohablante es su uso del pronombre "vosotros".

Talía – O su pronunciación de la "c" y la "z".

Rafael – Sí, me extraña que uséis "Uds." entre amigos. A vosotros os sonamos extraños y a nosotros nos sonáis muy formales. <u>Tuve</u> que acostumbrarme a eso cuando <u>vine</u> aquí.

Nicolás – Si algún día conoces a nuestra amiga Isa, le puedes preguntar la historia de todo eso porque ella estudia lingüística.

Yolanda – Nicolás, ¿hablan así tus abuelos españoles?

Nicolás – No tanto. Sí dicen que van "a por" las cosas, pero casi no usan "vosotros" y su acento es muy parecido a los acentos latinoamericanos, al menos la "c" y la "z" se pronuncian como la "s". Se llama el "seseo".

Talía – ¿Por qué no tienen el mismo acento que Rafa?

Nicolás – Rafa es del País Vasco, al norte de Madrid. Mis abuelos son de Andalucía, la comunidad autónoma más sureña de España si no tomamos en cuenta las Islas Canarias, y allí es muy común oír el seseo. Es como aquí en Estados Unidos, donde oyes diferentes acentos en diferentes regiones geográficas.

Los cinco amigos están inmersos en la conversación sobre las muchas diferencias lingüísticas que hay entre España y los países latinoamericanos cuando Patri abre la puerta del garaje con buenas noticias.

Patricia – Hola, chicos, las *pizzas* han llegado y están bien calientitas.

Pablo – Gracias, reina. Ya vamos.

Patricia – Los espero abajo con la comida. Si quieren bebidas, hay de todo en el refri.

Nicolás – Gracias, Patri.

Los cinco terminan su conversación y entran en la casa. Se sirven bebidas y bajan al sótano.

Rafael – Patri, esta casa es la leche.

Patricia – Gracias, Rafa.

Talía – Por el contexto, puedo entender qué quieres decir cuando dices "la leche", pero ¿sabes de dónde viene la expresión?

144

Rafael – Se supone que la expresión <u>surgió</u> en la época de nuestra Guerra Civil, de 1936 a 1939. La guerra <u>destruyó</u> mucha infraestructura, pero también <u>destruyó</u> la economía. Aunque la economía no <u>iba</u> nada bien antes de la guerra, pero bueno. Muchos españoles de esa generación, <u>padecían</u> mala nutrición y <u>tenían</u> que esperar hora tras hora en colas largas para pedir lo más mínimo de comida, lo que muchos países llaman la "canasta básica": huevos, leche, pan, etc. Es decir, lo básico. Pues <u>resultaba</u> que mucha gente, más que nada las mujeres, <u>sufría</u> de osteoporosis debido a la falta de suficiente calcio en sus dietas. La mejor fuente de calcio en esa época <u>era</u> la leche. Y no solo por su calcio, sino también por sus proteínas, carbohidratos, grasas y vitaminas, la leche <u>era</u> una de las mejores fuentes de nutrición. Así que no <u>existía</u> mejor cosa en la vida que la leche, y desde entonces, decir que algo es "la leche" significa que es "la hostia", "lo máximo", lo más "chévere" o "chido", etc.

Jaime – Anda, ¡cuánto sabes de la historia!

Yolanda – Sí, pero ¿cuánto sabe de la *pizza*?

Rafael – Lo suficiente para saber que se debe comer con tenedor y cuchillo y no con las manos. Ja, ja, ja.

Pablo – Ay, no, chico. Justo cuando yo <u>empezaba</u> a admirarte. Ja, ja.

Rafael – Bueno, chicos voy a por unos cubiertos. ¡Que aproveche!

Patricia – ¡Buen provecho!

Todos – ¡Provecho!

Nuestra historia continuará...

Capítulo 27

La evolución de la vida

El fin de semana pasado, Yolanda era la nueva y, aunque hacía más de un año que Nicolás conocía a Rafael antes de que los demás lo conocieran, Rafael es el nuevo de momento, y los demás tienen mucho interés en él. Como no es americano, no ve el mundo a través de los mismos lentes por los que los demás lo ven, y ese hecho es muy novedoso e inspirador. Él es músico, pero le interesan las ciencias. Es muy atlético, pero también es muy académico. Al grupo de amigos, Rafael le parece ser un hombre del Renacimiento. Les parece que no hay nada que él no sepa. Pero lo que más impresiona a los demás es su gran corazón. Al igual que con Yolanda, aunque es un nuevo amigo, todos se sienten muy cómodos con él, como si él ya fuera miembro íntimo de su grupo de amistades.

Nuestra historia continúa...

Nicolás – No creo que haya nada mejor que comer *pizza* con amigos. Es una señal de que el mundo sigue girando bien y no hay nada de qué preocuparse.

Yolanda – Es una excelente filosofía.

Talía – La filosofía de la *pizza*, digamos.

Yolanda – Pero, si el mundo dejara de girar, tendríamos problemas más grandes que la *pizza*.

Rafael – Nicolás, si supiéramos que el fin del mundo se acercaba, ¿con cuál querrías pasar tus últimos momentos en la Tierra, con *pizza* o con amigos?

Nicolás – Dependería de qué *pizza* y de qué amigos.

Talía – ¡Nicolás!

Nicolás – Nah, estoy bromeando. Escogería la *pizza*. Ja, ja, ja.

Rafael – Yoli, Nicolás me ha dicho que eres tutora de ciencias. ¿Cuál te interesa más?

Yolanda – Pues seguramente la química me interesa menos. Pero no sé, la verdad. Me interesa la física tanto como la biología. Pues estoy sopesando todas mis opciones para el próximo año cuando tenga que tomar una decisión acerca de mi especialización.

Rafael – ¿Has pensado en una especialización interdisciplinaria, como la biotecnología, o aun la astrobiología?

Yolanda – Sí, me fascina mucho la astronomía y la astrofísica, pero me parece que hay pocas oportunidades profesionales. Me <u>encantaría</u> trabajar para la NASA, pero no es muy probable que me contraten ya que todos quieren trabajar para ellos.

Rafael – Aun así, hay muchas compañías en el sector privado que están trabajando junto con la NASA para poner satélites en órbita y otros recursos en la estación espacial internacional.

Jaime – Disculpen mi ignorancia... Entiendo el concepto de la astrofísica, pero nunca había oído hablar de la astrobiología. ¿Se trata de la vida extraterrestre o la probabilidad de que la vida evolucione o qué?

Rafael – Bueno, no me parece nada ignorante. Es una pregunta muy inteligente. Se trata de todo eso. Es que hay científicos que calculan la probabilidad de que la vida inteligente evolucione dados los múltiples factores que hay en el universo, incluso la probabilidad de que haya más de un universo con vida inteligente.

Talía – ¿Qué tal si especulamos sobre un solo universo a la vez?

Rafael – Bueno, yo vi una presentación de un profesor, ahora no recuerdo de qué universidad, y él dice que los astrobiólogos tienen una hipótesis que dice que la vida, no la vida inteligente, sino simplemente la vida unicelular, en cualquier universo, <u>necesitaría</u> un mínimo de mil millones de años para entrar en existencia.

Jaime – ¿Y cómo llegan a esa hipótesis?

Rafael – Bueno, primero toman en cuenta cómo se forman los elementos básicos, como el helio y el hidrógeno.

Pablo – Para los que tengamos menos conocimiento del tema, explícanoslo lentamente.

Rafael – A ver, en términos básicos, los átomos constan de un núcleo. Ese núcleo consta de protones y neutrones. En órbita alrededor del núcleo se encuentran los electrones. Esos son las partículas subatómicas estables.

Pablo – ¿Son las partículas más fundamentales en nuestro universo?

Rafael – Existen partículas más elementales como *quarks*, fotones, neutrinos y bosones, pero entran más en la cuenta cuando hablamos de la física cuántica, pero lo más importante para la astrobiología es la tabla periódica de los elementos.

Pablo – *Okay*, recuerdo haber oído hablar de *quarks* y todo eso.

Rafael – Bueno, inmediatamente después del *Big Bang* de hace como 13 800 millones de años, los protones y neutrones se unieron para formar el núcleo de los elementos básicos como el helio y el hidrógeno. Durante los 370 000 años siguientes, la temperatura del universo bajaba cada vez más a causa de la expansión del espacio y, finalmente, estos núcleos pudieron capturar los electrones en su órbita para formar átomos estables de helio e hidrógeno. Si ese proceso tarda 370 000 años, la formación de la vida unicelular tardará un poco más de tiempo, ¿no?

Pablo – ¿Y cómo evoluciona la vida a partir de elementos básicos?

Rafael – Bueno, no soy astrofísico ni astrobiólogo, solo aficionado de todo eso, así que no puedo explicarte exactamente cómo se forma la vida, pero sí sé que se trata más que nada de la formación y estabilidad de las estrellas. Las primeras estrellas y galaxias se formaron entre 200 millones y 500 millones de años después del *Big Bang*. Desde entonces, las reacciones nucleares, por ejemplo, la fusión de hidrógeno en helio, producen elementos inestables como el litio y el berilio. Aun ante una probabilidad poco favorable, el carbono eventualmente se forma. Cuando una estrella muere, causa una explosión que se llama "supernova" y esa explosión esparce el carbono por el universo y de allí tenemos la posibilidad de vida.

Patricia – Siempre oigo que somos "polvo de estrellas" y por fin entiendo por qué dicen eso. La vida se forma a base de carbono y ese carbono es el polvo de estrellas que se ha esparcido por toda la galaxia durante el ciclo de vida y muerte de las estrellas durante miles de millones de años.

Rafael – Has dado en el clavo, Patri. Y para que se forme la vida, un universo cualquiera <u>necesitaría</u> bastante tiempo de pasar por cierta cantidad de ciclos de vida estelares. Y especulan que <u>tardaría</u> mil millones de años, como mínimo.

Pablo – ¿Para qué sirve especular sobre tales cosas?

Rafael – Muy buena pregunta. Es que la mayoría de los descubrimientos científicos empiezan como una hipótesis, o sea, especulación basada en un fenómeno observado, y normalmente es una idea nueva. Tras proponer una hipótesis, la comunidad científica trata de confirmarla o refutarla con experimentos. Si descubren algo que contradiga la hipótesis, pues la hipótesis se tira a la basura y empiezan de nuevo desde cero. Si observan algo que confirme la hipótesis, pues se convierte en un hecho.

Talía – ¿Tienes un ejemplo?

Rafael – Un buen ejemplo es el descubrimiento de Urano, o mejor el descubrimiento de Neptuno. Mercurio, Venus, Marte, Júpiter y Saturno nunca fueron descubiertos; siempre estaban a plena vista del ser humano y sus ancestros.

Talía – Nunca se me había ocurrido, pero tiene sentido.

Rafael – Pues Urano era similar, pero creían que era una estrella porque no podían observar mucho movimiento debido a su órbita grande y lenta. A finales del siglo XVIII, un observador propuso que era un cometa y después de observarlo más, propuso que era un planeta. Su hipótesis, especulación basada en un fenómeno observado, fue que Urano era un planeta. Tras proponer la hipótesis, todos lo observaban como planeta tratando de confirmar o refutar la hipótesis. Y, eventualmente, sus observaciones confirmaron que sí era un planeta, y ahora lo reconocemos como hecho científico.

Talía – Mencionaste que el descubrimiento de Neptuno era mejor ejemplo.

Rafael – Sí. Tras el descubrimiento de Urano como planeta, trataban de determinar los parámetros de su órbita. Pero descubrieron que la órbita observada no concordaba con la órbita que se había calculado según la teoría de la gravedad de Newton. Es decir, que los cálculos matemáticos que habían hecho para predecir su órbita estaban equivocados. Se dieron cuenta de que había un factor desconocido que no habían tomado en cuenta en sus ecuaciones. Así que a mediados del siglo XIX, se propuso una hipótesis de que había un octavo planeta no descubierto cuya fuerza de gravedad afectaba la órbita de Urano. Con esa hipótesis, realizaron otros cálculos y decidieron que tenía todo el sentido que hubiera un octavo planeta. Con eso, calcularon dónde debía de estar ubicado y en cuestión de días, lo pudieron observar con telescopio y confirmaron la hipótesis que ahora aceptamos como hecho científico.

Jaime – ¡Qué fascinante todo eso!

Rafael – Sí, ¿no? Y ahora con la tecnología que tenemos —telescopios, cámaras, satélites, etc.— podemos observar el universo casi hasta el *Big Bang*. Tomando en cuenta el hecho de que el carbono es el elemento más fundamental para la existencia de la vida, y que la vida también necesita agua líquida, podemos usar la tecnología para buscar otros planetas dentro de la zona habitable de millones de estrellas en busca de vida extraterrestre.

Pablo – ¿Zona habitable? No puedes decir expresiones así como si todos ya las entendiéramos. No todos somos hombres y mujeres del Renacimiento como tú.

Rafael – Disculpadme. La "zona habitable" de una estrella es la gama de distancia en torno a una estrella donde pueda existir agua en estado líquido. Si un planeta está demasiado cerca de la estrella, el agua se vuelve gas. Si está demasiado lejos, se vuelve sólida. Además de agua líquida, un planeta necesita cierta masa y tamaño y un núcleo rocoso.

Jaime – Déjame ver si entiendo. Los astrobiólogos especulan
    sobre las condiciones necesarias bajo las cuales la vida se
    pueda formar. Los astrofísicos determinan dónde en la
    galaxia o universo esas condiciones se cumplen. Los
    ingenieros hacen la tecnología requerida para poder
    observar todo. Y los astrónomos quieren usar esa tecnología
    para comprobar si hay vida extraterrestre o no. ¿No es así?

Rafael – Es un buen resumen.

Yolanda – Es increíble el rol que juega la tecnología con respecto al
    descubrimiento científico de nuestro mundo, sea a través
    de telescopios para observar el macromundo,
    microscopios para observar el micromundo, y cámaras,
    computadoras, micrófonos y otros instrumentos para
    grabar todo para adelantar y ampliar investigaciones
    futuras.

Rafael – Es interesante que digas eso, ya que mencionaste lo de
    querer trabajar para la NASA.

Yolanda – ¿Por qué?

Rafael – La NASA tiene un programa de desarrollo de *hardware*
    para los avances en la observación de nuestro sistema
    solar. ¿A que no adivinas cómo se llama?

Yolanda – ¿YOLANDA?

Rafael – No. Se llama PICASSO, por sus siglas en inglés.

Pablo – ¡No me digas!

Rafael – Sí, así se llama.

Yolanda – Pues siempre me ha fascinado la unión entre la
    tecnología y las ciencias, pero siempre me imaginaba que
    me <u>especializaría</u> en biotecnología, aunque ahora la
    astrobiología me tiene muy interesada.

Rafael – Y quizá tendrás un futuro ilustre en el campo trabajando
    para la NASA y tus esfuerzos te ganarán muchos premios y
    alabanzas.

Yolanda – No <u>necesitaría</u> ganar ningún premio; <u>estaría</u> satisfecha
    con mi nombre en una patente de invención.

Patricia – Lo que más me fascina es nuestra habilidad de
    estudiarnos a nosotros mismos.

Rafael – Sí, a mí también me fascina. Es que somos los únicos animales capaces de estudiarse.

Jaime – Y a la vez, capaces de destruirnos con nuestras propias acciones.

Rafael – Lamentablemente.

Talía – Pues has hablado de cómo pudo evolucionar la vida unicelular, pero lo que me rompe la cabeza es cómo pudimos evolucionar en seres capaces de estudiarnos y destruirnos.

Rafael – Pues la genética me interesa mucho. Es la razón por la que quiero llegar a ser médico. Hay tantas enfermedades genéticas y hasta que entendamos cada aspecto de los genes para poder prevenir todas las enfermedades, habrá necesidad de más científicos y médicos.

Pablo – Lo que me interesa más es cómo los seres vivos se adaptan a sus entornos. El zorro ártico, por ejemplo, es blanco para que los depredadores no lo puedan ver. Eso es increíble.

Rafael – Bueno, así se explica la evolución muchas veces en los documentales de naturaleza porque la gente desea creer que el mundo tenga un diseño intencional, un propósito: "eso pasó para que...". La cruel realidad es que toda la vida es un accidente, una probabilidad matemática, un azar. El zorro ártico tuvo una mutación genética al azar y, gracias a esa mutación de color, ha podido sobrevivir mejor en la nieve.

Yolanda – Así que la evolución es el producto de mutaciones accidentales y la supervivencia. Las especies se adaptan con mutaciones a lo largo de generaciones o mueren.

Rafael – Y su rama en el árbol genealógico se acaba.

Jaime – Ufff. ¿Creen que evolucionaremos en otra especie antes de que el sol explote o hemos llegado al cabo de nuestra rama?

Rafael – Nadie sabe, pero el sol, por su tamaño, vivirá unos 10 000 millones de años y solo tiene 5000 millones, así que tenemos tiempo. Dicho eso, quiero creer que el ser humano ya está evolucionando y que hay quienes son más evolucionados que otros.

Jaime – Hablaste de la posibilidad de que existiera vida inteligente extraterrestre, pero ¿cómo sabemos que hay vida inteligente terrestre? Si somos capaces de destruirnos, ¿somos realmente tan inteligentes?

Rafael – Es una buena pregunta. En el siglo XX, definieron "vida inteligente" como aquella que fuera capaz de mandar una radiocomunicación a través del espacio exterior.

Yolanda – Pero, los seres humanos éramos igual de inteligentes antes de que supiéramos cómo mandar una señal de radio. Los delfines, los chimpancés, los cerdos y otros animales son muy inteligentes, aunque no pueden mandar una transmisión de radio.

Rafael – Es un muy buen argumento y estoy de acuerdo contigo. La definición esa no es para juzgar a otras especies como no inteligentes, sino que muestra lo importante que es para el ser humano que se encuentre vida en otras partes del universo capaces de comunicarse con nosotros. Somos capaces de comprender lo existencial de nuestro moribundo destino en este planeta. Si evolucionamos en otra especie o no, la única manera de salvarnos es descubrir una manera de viajar a otros planetas habitables en otros sistemas solares. Si establecemos contacto con otras civilizaciones "inteligentes" en otras partes del universo, a lo mejor podemos aprender cosas sobre la física que, de otra manera, nunca pudiéramos descubrir. Y sabemos que si no, el gran azar que es la vida podrá morir con nosotros.

Nicolás baja por las escaleras y encuentra a los demás pensativos en un silencio palpable.

Nicolás – Disculpen que yo tuviera que usar el baño antes de cenar. ¿Qué me he perdido?

Talía – ¡Ay, por dios! Ja, ja, ja.

Nuestra historia continuará...

Capítulo 28

Ojo por ojo

Los siete amigos están inmersos en una conversación profunda, hablando del origen de la vida, qué significa ser "humano" y lo importante de adelantar y avanzar las ciencias y el conocimiento no solamente de nuestro planeta, sino también de nuestro universo. Se dan cuenta de que el futuro de las ciencias y la tecnología depende de la inteligencia del ser humano y de su habilidad de seguir adelante con conocimiento y sabiduría. Asimismo, se dan cuenta de que la tecnología y las ciencias son **una espada de doble filo.** Hay quienes usan una lupa para leer y aprender, mientras que otros la usan para quemar hormigas bajo la luz del sol. Hay quienes usan las ciencias para curar enfermedades y otros que las usan para crear armas nucleares o biológicas. La diferencia entre una herramienta y un arma es la intención de quienes la posean. Este grupo de jóvenes sabe que el futuro de la raza humana va a depender de su generación y de las generaciones que están por venir.

Nuestra historia continúa...

Nicolás – Disculpen que yo <u>tuviera</u> que usar el baño antes de cenar. ¿Qué me he perdido?

Talía – ¡Ay, por dios! Ja, ja, ja.

Pablo – Lo que te has perdido es que Rafa tiene un plan para rescatar a toda la raza humana del moribundo destino de nuestro planeta.

Nicolás – Ah, *okay.* Pensé que me había perdido algo importante. Pablo, ¿me pasas la *pizza* hawaiana, porfa?

Talía – Pues, Rafa, has dicho que quieres creer que el ser humano ya está evolucionando. ¿Cómo puedes ser tan optimista con tanta destrucción de nuestro planeta: guerra mundial perpetua, el terrorismo internacional, combustibles fósiles contaminando el medioambiente, desechos radiactivos, y todo el racismo y crimen en nuestras ciudades?

Rafael – Bueno, por cada incidente, uno puede enfocarse en el lado negativo —el lado pesimista— o puede enfocarse en el lado positivo —el lado optimista—.

Talía – Tienes razón, pero es difícil.

Rafael – Lo sé, pero hay que intentarlo. Si hay un secuestro, podemos maldecir al secuestrador o alabar a los muchos que luchan por encontrar al secuestrado. Si hay un atentado, un coche bomba, por ejemplo, podemos fijarnos en el culpable o podemos fijarnos en cómo responde y reacciona la muchedumbre. En mi experiencia, ante una tragedia, se ve resplandecer el espíritu humano.

Pablo – ¿Y qué de los narcotraficantes o mulas que traen cocaína y heroína a nuestras comunidades? ¿O los pandilleros que aterrorizan a las comunidades con ametralladoras?

Rafael – No tengo todas las respuestas sobre la vida, pero prefiero poner mi energía en celebrar a los paramédicos que acuden al lugar de los hechos, sin siquiera pensar en su propia seguridad, para asegurarse de que las víctimas estén sanas y salvas, los heridos tengan primeros auxilios y hasta intentar resucitar a los difuntos. Tal vez ellos son los más evolucionados.

Pablo – Tienes toda la razón. Aunque no podamos cambiar el mundo, por lo menos podemos poner nuestra atención en lo bueno del mundo.

Rafael – Exactamente. Por cada fábrica que produce armas de fuego y balas, herramientas de guerra, hay una fábrica que produce paneles solares o molinos de viento para lograr que tengamos algún día una economía libre de combustibles fósiles.

Jaime – El hecho de que nos fijemos en lo bello de la vida no significa que dejemos que los delincuentes y criminales hagan daño y destruyan las comunidades.

Rafael – Tienes toda la razón. Y fijaos en el hecho de que tenemos un sistema de justicia criminal. Lo tenemos no porque nos dé igual y aceptemos la violencia y el temor, sino porque valoramos la paz, valoramos la humanidad.

Jaime – Pues Patri va a estudiar derecho, pero no te preocupes, que ella ya me prometió que usaría sus poderes de abogada para el bien.

Rafael – No me digas. ¿Qué te inspiró a querer estudiar derecho?

Patricia – Mis padres fallecieron en un choque de carros y el culpable estaba manejando borracho.

Rafael – Ay, no, Patri. No lo sabía. Lo lamento mucho.

Patricia – Gracias. Pues, aunque mis abuelos no querían que yo estuviera, yo insistía en estar en el tribunal cuando la jueza condenara al culpable. La jueza me habló directamente a mí y me dijo que, aunque el culpable nunca se arrepintiera ni se reformara en la cárcel, era responsabilidad mía superar la tragedia y no dejar que el odio me agobiara y venciera. Me dijo que el sistema de justicia era capaz de acusar al sospechoso, evaluar la evidencia, pronunciar un fallo y meter al culpable en la cárcel, pero no era capaz de curar las heridas ni devolver la vida a los seres queridos fallecidos. Ella recomendó que yo viera a una psicóloga y me concentrara en la escuela con todas mis fuerzas. Fue ella la que me inspiró a **ponerme las pilas** y a estudiar como pudiera. Y como era latina, me identificaba con ella.

Rafael – Jo, tía. ¿Cuántos años tenías?

Patricia – Acababa de cumplir los diez añitos.

Rafael – Patri, no cabe en mi mente cómo has podido superar una tragedia así y llegar a ser lo maravillosa que eres. No sé qué habría hecho yo si mis padres se hubieran muerto cuando yo tenía diez años. La verdad es que no sé qué haría a los veintiún años si mis padres se murieran mañana.

Patricia – Yo sí lo sé, cariño. Habrías salido adelante de todas maneras. Los eventos en nuestras vidas no determinan quiénes somos, ni quiénes seremos. Somos quienes somos y el carácter que tenemos nos guía y nos da fuerza para superar obstáculos y salir adelante, sin rencores y con amor. No son los eventos y experiencias que nos hacen fuertes, sino que nos dan la oportunidad de mostrar la fuerza que ya llevamos dentro de nosotros mismos.

Rafael – Chicos, si queréis saber quiénes son los seres más evolucionados, aquí tenéis un buen ejemplo.

Nicolás – Ya lo sabemos, Rafa. No hay nadie que tenga un alma más bella que nuestra Patri.

Patricia – Para nada. Soy una cualquiera, nada más.

Pablo – Tú sabes que no es la verdad, reina.

Yolanda – Rafa, ¿en España, tienen jurados de ciudadanos como aquí en Estados Unidos o solo jueces?

Rafael – Bueno, no sé mucho de la política de los Estados Unidos, pero creo que nuestros jurados de ciudadanos son muy similares.

Yolanda – ¿Has tenido que servir alguna vez de jurado?

Rafael – Me tocaba el año pasado, pero como yo estaba fuera del país, no tuve que servir. Es parte de la ley. ¿Y vosotros? ¿Habéis tenido que servir de jurados?

Yolanda – Yo casi, cuando apenas tenía dieciocho años. Por eso te pregunté.

Rafael – ¿Cómo que "casi"?

Yolanda – Bueno, me enviaron una carta diciendo que yo había sido seleccionada y que tenía que llamar por teléfono en cierta fecha para saber si tenía que acudir al juzgado el día siguiente. Llamé y sí tenía que ir. La mañana siguiente, fui al juzgado y me explicaron algunos detalles del caso y me hicieron muchas preguntas extrañas tales como si yo, basado en la evidencia, podría emitir un fallo de "culpable" si supiera de antemano que la sentencia podría ser "la cadena perpetua". Les dije que sí. Luego me preguntaron si yo podría emitir un fallo de "culpable" si supiera de antemano que la sentencia podría ser "la pena de muerte", a lo cual les respondí que no. Pues me despidieron y no pude servir, y creo que fue por esa última respuesta.

Rafael – Qué bien. Yo tampoco podría votar "culpable", sabiendo que el juez podría condenar al acusado a la muerte. Es sorprendente que exista tal condena todavía en este país. Es que "ojo por ojo" y acabaremos ciegos, ¿verdad?

Patricia – Estoy de acuerdo.

Rafael – ¿De qué se trataba el caso?

Yolanda – Un adolescente de diecisiete años fue acusado de matar a puñaladas a un señor.

Rafael – ¿Cuál era su motivo?

Yolanda – Supuestamente, el joven chantajeaba al señor por dinero y cuando el señor por fin se negó a pagarle, el joven lo apuñaló. Así que el joven enfrentaba cargos de extorsión y homicidio.

Patricia – El crimen me parece demasiado complicado para un adolescente de diecisiete.

Yolanda – Sí, recuerdo leer sobre el caso el verano siguiente y descubrieron que el joven era parte de una pandilla y que fue nomás el cabeza de turco. El joven no fue el que mató al señor, pero tampoco lo pusieron en libertad porque luego lo acusaron de ser cómplice. Por ser menor de edad, acabó enfrentando cargos en la corte juvenil.

Rafael – Es muy curioso que, en este país, los menores de edad puedan enfrentarse a cargos como adultos o como menores, dependiendo de la severidad del crimen y quién sabe de qué otros factores.

Patricia – Sí, los Estados Unidos tiene leyes muy diferentes del resto del primer mundo, pena de muerte, armas de fuego legales por todas partes, y la edad de mayoría es diferente dependiendo de qué se trate. En muchos estados, los adolescentes pueden manejar a los dieciséis años, luchar en la guerra a los dieciocho, pero no puede tomar alcohol ni fumar mota hasta cumplir los veintiún años.

Rafael – Y cada estado tiene diferentes leyes, ¿verdad? Es legal fumar marihuana en algunos estados, pero no en otros. Y la edad mínima para conducir un coche es diferente en diferentes estados también. Patri, como tú eres nuestra experta residente en derecho, ¿me explicas algunas cosas?

Patricia – Sí, con mucho gusto, pero primero, tengo que ir al baño.

Nuestra historia continuará...

Capítulo 29

El futuro de la raza humana

Rafael lleva ya dos años y medio viviendo en Estados Unidos y ha aprendido mucho sobre la vida cotidiana de los estadounidenses, por lo menos en California, pero no tiene mucha experiencia en todas partes del país. Le interesan las ciencias y la medicina, el arte y la música porque cree que representan lo mejor del ser humano: su capacidad para aprender, enseñar e inspirar a otros, quienes, a su vez, hacen lo mismo, avanzando la raza humana. Si le preguntaras sobre la Capilla Sixtina en la Ciudad del Vaticano, te podría decir qué artistas pintaron qué obras y te podría explicar todos los detalles de su arquitectura, pero también te podría maravillar haciendo que sintieras el asombro e inspiración que él mismo sintió cuando vio por primera vez la famosísima obra de "La creación de Adán". Si le preguntaras sobre cualquier guerra europea, te podría recitar fechas y cifras, causas primarias y secundarias, nombres de generales y almirantes, hasta los actos de heroísmo por parte de los rangos más bajos de las fuerzas armadas. Pero, asimismo, te podría recontar conmovedoras historias de gente civil que fue víctima de esos actos de guerra, los que se volvieron carne de cañón, terminando sordos, tuertos, mancos, cojos, paralizados, incluso huérfanos. Te podría conmover, haciendo que sintieras la miserable injusticia de la pobreza repentina, el insoportable pánico, la hambruna y la escasez que los refugiados, necesitados, desamparados, tuvieron que sufrir, como cuando su propia familia tuvo que huir de la ciudad de Guernica durante el bombardeo aéreo en abril del 1937. Si le preguntaras sobre los tiránicos dictadores fascistas más prominentes del siglo XX, te podría hablar de golpes de Estado, de invasiones, saqueos y expansión militar. Te podría hablar de corrupción y fraude o represalias contra rivales políticos. Te podría hablar de cómo la dictadura en España prohibía que la genta vasca hablara su lengua materna, incluso en su propia casa. Podría hablarte sobre el hecho de que la gente LGBTQ, como él, había de ocultar su identidad para no enfrentar cargos porque el gobierno no solo se metía en las casas de los ciudadanos para asegurarse de que todos cumplieran con las leyes, sino también se metía hasta en las camas de la gente para controlar cada aspecto de sus vidas. Podría hablarte de todo eso, si le preguntaras, pero preferiría hablarte de la esperanza que la gente mantenía entre sí, de su resistencia a la tiranía que en secreto guardaba, o de la revolución democrática por la que luchaba. Preferiría hablarte de manifestaciones pacíficas, de inspiradoras obras de música, literatura y arte que artistas realizaron ante la posibilidad de una transición pacífica a la democracia. Preferiría hablarte de la promesa de un mundo mejor que trajeron las primeras elecciones libres después de la muerte del tirano. Preferiría hablarte de todo eso… si le preguntaras.

Nuestra historia continúa...

Nicolás – No creo que <u>haya</u> nada mejor que pasar tiempo con amigos, comiendo una buena *pizza*. <u>Es</u> una señal de que…

Patricia – … ¿de que el mundo sigue girando bien y no <u>hay</u> nada de qué preocuparse?

Nicolás – Me has leído el pensamiento.

Patricia – <u>Es</u> que dijiste lo mismo hace media hora. Ja, ja, ja.

Pablo – Dice **algo por el estilo** cada vez que comemos *pizza*.

Rafael – Pues, Patri, antes de que fueras al baño, prometiste que me enseñarías un poco de la estructura del gobierno estadounidense.

Patricia – Pues no sé cuánto ya sabes. No tenemos parlamento, ni primer ministro, ni familia real, así como los <u>hay</u> en muchos países europeos.

Rafael – Sí, vosotros tenéis un presidente, como Francia, ¿verdad?

Pablo – ¿Francia tiene presidente?

Yolanda – Ay, ay, ay, Pablo…

Pablo – Yo qué sé. Ja, ja, ja.

Patricia – Sí, Rafa, <u>hay</u> tres ramas que constituyen el gobierno federal: la ejecutiva, la legislativa y la judicial. Ninguna rama tiene mayor poder que otra, supuestamente. La ejecutiva consiste en el presidente y gabinete de secretarios y secretarias de Defensa, Tesoro, Estado, etc.

Rafael – Y la rama judicial <u>son</u> las cortes y jueces y todo eso, ¿no?

Patricia – Sí, y, por último, <u>hay</u> dos cámaras que constituyen la rama legislativa: el Senado y la Cámara de Representantes.

Rafael – Cada estado tiene diferente número de representantes, ¿verdad?

Patricia – Sí, cada estado tiene dos senadores, pero el número de representantes que tenga un estado depende de su población. Y esa <u>es</u> determinada cada diez años por un censo nacional.

Rafael – ¿Y andan de casa en casa preguntando por gente?

Patricia – Si hace falta, sí. Primero les mandan a todas las residencias unos materiales promocionales explicando que una cuenta fidedigna del censo determinará cuántos representantes del Congreso tenga un estado y cuántos fondos federales se proporcionarán para servicios sociales. Además del porqué, explica cómo llenar el formulario en línea o en papel.

Rafael – ¿Y si mienten o no contestan?

Patricia – He allí el problema. En el último censo, yo <u>fui</u> voluntaria para una campaña ciudadana para asegurar que toda la gente <u>fuera</u> contada. <u>Fue</u> una campaña de Republicanos, Demócratas y otros partidos políticos más pequeños para **esparcir la voz** y, más que nada, desmentir rumores.

Rafael – Sí, yo leí sobre todo eso. Los rumores <u>eran</u> que si contestaran las preguntas del censo, terminarían en una base de datos que se pudiera usar en su contra.

Patricia – Sí, entre otros rumores. Pues nuestra campaña procuraba animar a la gente, especialmente a los latinos y latinas, quienes, desgraciadamente, se preocupan de que un familiar no documentado, o aun ellos mismos <u>sean</u> detenidos y/o deportados. Y <u>hubo</u> un gran debate político de si la gente indocumentada debía <u>ser</u> contada o no. Algunos políticos querían que <u>hubiera</u> una pregunta en el censo sobre si <u>estaban</u> en este país legalmente. Al final, no la <u>había</u>, pero me parece obvio que tener una pregunta así no <u>es</u> la mejor manera de llevar a cabo una cuenta fidedigna.

Jaime – Creo que <u>hay</u> gato encerrado.

Rafael – Claro que sí. La realidad <u>es</u> que <u>ciertos</u> políticos no creen que <u>cierta</u> gente se deba contar, ni en sentido figurado, ni en sentido literal.

Jaime – No, creo que Leopoldo <u>está</u> encerrado en algún lugar.

Rafael – ¿Quién <u>es</u> Leopoldo?

Jaime – <u>Es</u> el gato de Patri, y creo que lo oí maullar.

Pablo – Voy a buscarlo. Se habrá metido en el baño y cerrado la puerta de nuevo.

Rafael – ¿Como en plan, "no quiero que me cuenten en el censo"?

Pablo – Así es, Rafa. Ja, ja, ja. Ya vengo.

Patricia – Gracias por checar, rey.

Talía – Nicolás, ¿tiene Perú un presidente o un primer ministro?

Nicolás – Tiene presidente, el "Excelentísimo Señor Presidente de la República".

Patricia – Vaya, qué título. ¿Y cómo se llama?

Nicolás – No tengo ni idea. Mi familia y yo nos mudamos a San Diego cuando yo tenía diez años, y no sigo la política ya que no tengo nada de familia allí. Además, encuentro que las noticias <u>son</u> <u>demasiado</u> negativas para mis gustos.

Talía – <u>Estoy</u> de acuerdo.

Nicolás – ¿Qué tal la República Dominicana?

Talía – También tienen un presidente y tampoco sé cómo se llama. Mis abuelos se mudaron a Estados Unidos cuando <u>eran</u> bebés así que no tengo ningún contacto con nadie allí. Toda mi familia <u>está</u> en Nueva York. Podría nombrar todos los presidentes de los Estados Unidos, si Uds. quisieran.

Nicolás – No hace falta, gracias. Ja, ja, ja.

Talía – ¿<u>Ha habido</u> alguna <u>presidenta</u> peruana?

Nicolás – No que yo sepa. ¿En la República Dominicana?

Talía – Que yo sepa, no. Ojalá que pronto la <u>haya</u>.

Pablo baja por las escaleras al sótano acompañado de Leopoldo.

Pablo – Leopoldo <u>estaba</u> encerrado en tu dormitorio, Patri.

Patricia – Gracias, rey.

Yolanda – Oye, Pablo.

Pablo – Oigo.

Yolanda – ¿Ha habido alguna presidenta costarricense?

Pablo – Sí. ¿Por qué?

Yolanda – ¿En serio? Qué bien. Es que estamos hablando sobre en qué países ha habido presidentas.

Pablo – ¿Pues qué tienen?

Yolanda – Hasta ahora, Costa Rica.

Patricia – Ay, ay, ay. Ni hablar de presidentes y presidentas LGBTQ.

Jaime – En menos de quince años, Patri, cuando cumplas treinta y cinco, podrás tú lanzarte para presidenta y mostrar a toda la comunidad LGBTQ que sí se puede.

Patricia – Me gustaría, pero ojalá que alguien más se postule antes que yo. Quince años es demasiado tiempo.

Jaime – Pues ya ha habido gobernadores y gobernadoras, alcaldes y alcaldesas LGBTQ. Pronto sucederá, aunque tengamos que esperarte a ti.

Talía – Yo votaré por ti, Patri.

Yolanda – Yo también.

Pablo – Puedes contar conmigo, siempre.

Rafael – Yo votaría por ti si pudiera.

Jaime – Siempre tienes mi voto de confianza, reina.

Nicolás – … ¿Por qué todos me están mirando a mí?

Yolanda – Eres el único que no ha comentado.

Nicolás – Bueno, quisiera saber más sobre su plataforma y plan económico y luego sopesar los pros y los contras.

Talía – ¡Ay, por dios! Ja, ja, ja.

Nuestra historia continuará…

Capítulo 30

¿Adónde irán a parar?

Parafraseando a José Martí en sus "Versos sencillos", Pablo, Jaime, Patricia, Talía, Yolanda, Nicolás y Rafael son personas sinceras, y antes de morirse, quieren hacer sentir su impacto en la Tierra. Han venido de todas partes y hacia todas partes van. Sea por tan solo una semana más o por muchos años, estos siete ahora se encuentran recorriendo caminos paralelos. Dondequiera que vayan, sea juntos o por separado, los amigos siempre llevarán consigo las lecciones que han aprendido y la inspiración que sus recuerdos compartidos les seguirán regalando. No son jóvenes cualesquiera; estos son capaces de reconocer que la vida es corta, que tienen que aprovechar los pocos y preciosos momentos que les tocan y vivirlos al máximo. Saben que el futuro no está escrito todavía, que ellos mismos son los autores de sus propias historias y, aunque **todo va viento en popa** por ahora, no habrá final feliz que ellos no creen.

Pablo y Yolanda se conocieron hace tan solo una semana y su relación tiene potencial para florecer, pero, como bien sabes, las cosas pueden cambiar sin avisar. Pablo es artístico y Yolanda científica. Se dice que los polos opuestos se atraen, pero ¿qué tal se llevan después de un tiempo? ¿Existe tal cosa como el destino? Si es así, ¿adónde los llevará? Ya lo decidirás tú. En cinco años, cuando oigas una canción nueva en la radio por un tal "Pablo", ¿te preguntarás si será él, nuestro Pablo, quien la canta? En veinte años, cuando otorguen a una tal "Yolanda" el Premio Nobel de la Física, ¿pensarás en nuestra Yolanda? **El mundo es un pañuelo** y, en esta vida, hay más coincidencias de las que tú crees.

Rafael y Nicolás esperan competir en natación y clavadismo en los Juegos Olímpicos que vienen. ¿Los buscarás entre los nadadores y clavadistas por si acaso? ¿Sería posible? ¿Quién querrías que ganara, puesto que serían miembros de equipos rivales? Ganara quien ganara, ellos sabrían que no habrían llegado a tal nivel de competencia si no hubiera sido por el otro. El éxito de uno habría estado enredado con el éxito del otro, y viceversa. ¿Y qué de Rafael y Jaime? ¿Hay atracción mutua? ¿Estaría Jaime entre el público en la misma competencia, animando a los dos? ¿Estaría Talía también? ¿Querría Jaime que ganara Rafael o Nicolás? ¿Le importaría? Seguramente Talía querría que Nicolás ganara, o quizá no. ¿Estarían Jaime y Talía orgullosos de los dos nadadores? ¿Estarían orgullosos simplemente por haberlos conocido? ¿Estaría triste Nicolás si Talía no estuviera presente, si su relación terminara antes de que empezara? ¿Estarían tristes Nicolás y Jaime si Patricia no estuviera presente, si ellos hubieran perdido contacto con ella después de que ella se graduara? ¿Estaría viéndolos en la televisión?

Patricia y Jaime **son como uña y carne**, pero la realidad es que, aunque los dos son de San Diego, son independientes y así quieren que sea. Si el destino los lleva por separado a distintos lugares, no te entristezcas, que **no hay mal que por bien no venga**. Al menos es lo que nos dicen. ¿Será Patricia la primera presidenta de Estados Unidos? ¿La primera latina? ¿La primera de la comunidad LGBTQ? ¿Votarás por ella si puedes? ¿Votarías por ella si pudieras?

Seguro que ya te estás dando cuenta de que esta noche, sábado, en el sótano de la casa de los abuelos de Patricia, nos toca despedirnos de Pablo y de todos. ¿Qué harás sin ellos? ¿Qué planes tienes por delante? Cuando te duermas esta noche, ¿con qué soñarás? Y cuando te despiertes mañana, ¿qué te animarás a hacer?

Por no querer que esta noche termine, los siete chicos de nuestra historia permanecerán en la casa, platicando hasta pasada la 1:00 y se dormirán allí, cada quien en su lugar: Pablo, Jaime y Patricia en sus propios dormitorios, Nicolás en el sofá grande, Talía en el sofá pequeño, Rafael en el sillón y Yolanda en el dormitorio de las paredes anaranjadas. No tienen grandes planes para mañana salvo que saben que quieren pasar el día juntos muy a gusto, con un buen desayuno y un cafecito bien calientito. Por un día más, el futuro puede esperar y adónde van a parar no lo saben y la verdad es que ellos no lo quieren saber todavía. Saben que su historia se escribe un capítulo a la vez y, **pase lo que pase**, los capítulos que vengan por delante tendrán que esperar. Y por si no hay capítulo que venga, ellos saben que hay que apreciar el hoy y el ahora, entre buenas amistades y un gran pedazo de *pizza*, o algo por el estilo.

Su historia continuará...

Apuntes

_____

_____

_____

_____

_____

_____

_____

_____

_____

_____

_____

_____

_____

_____

_____

_____

_____

_____

Apuntes

Apuntes

Apuntes

About the Author

David Faulkner holds bachelor's and master's degrees in Spanish, with an emphasis in teaching, and has taught Spanish in every grade from fourth to the university level. He is passionate about the fundamentals of language, as well as interpersonal communication and personal expression, particularly where their practical application has a positive impact on people's lives.

Faulkner opened up about his childhood in his memoir, *Superheroes* (2015), and has since shifted his focus back to his true calling: teaching Spanish and inspiring others to practice it in their daily lives.

Faulkner enjoys spending time with his family, public speaking, traveling the world, and staying active. He is an idealist and a relentless dreamer, reveling in the happiness of pursuit. *De cabo a rabo* (*Gramática*, *Vocabulario*, *Actividades,* and *Lectura*) comprises his second, third, fourth, and fifth books, respectively.

To schedule David Faulkner for a curriculum presentation to see how his Spanish guides could benefit your language program, or to hire him for private lessons or as a guest teacher at your school, please contact him through DavidFaulknerBooks.com.

**Flashforward
Publishing**